にっぽんのパンと畑のスープ
なつかしくてあたらしい、白崎茶会のオーガニックレシピ

白崎 裕子

WAVE出版

はじめに

「にっぽんのパンってなんだ？」タイトルを見て、ほとんどの人がそう思ったかもしれません。にっぽんのパンとはずばり、うどん粉のパンです。日本には「うどん粉（地粉）」と呼ばれる素晴らしい小麦粉があります。はるか昔から、日本人は二毛作などでうどん粉を栽培し、家庭ではごく当たり前にうどんを打っていました。うどん粉で野菜の天ぷらを作り、ご飯が足りなければすいとん汁を作り、おやつの蒸しパンやかりんとうも、みんなうどん粉で作っていたのです。現在のように、料理によって何種類もの粉を使い分けることはありませんでした。

「だったら、パンもうどん粉で作ったらどうなんだろう？」そう思ってうどん粉でパンを作りはじめたのが、今から8年ほど前。まず驚いたのが、何を作ってもとてもおいしいこと。旨味があってもちもちして、失敗しようが成功しようがおいしい。「旨味」と「もちもち」を兼ね備えた世界的にも大変めずらしい粉、それがにっぽんの地粉「うどん粉」なのです。

次に私は、「うどん粉でパン用強力粉を使ったようなふわふわのパンを作るにはどうしたらいいんだろう？」と考えはじめました。

「グルテンの少ない粉は、本当にあまりふくらまないのだろうか？」「粉に含まれるグルテン量と吸水率は本当に比例するのか？」と。結論から言いますと……簡単にふくらみます！　ポイントさえ押さえれば、ふんわりしっとりもちもちのパンが簡単に焼けるのです。

日本の風土が育んだうどん粉でしか作れない味と食感。どこかなつかしくて、だけどあたらしいおいしさのパン。私たち日本人の体質と味覚に合ったパンです。

この本は、そんな「にっぽんのパン」とパンにとてもよく合う、野菜、雑穀、豆などで作る、ミネラルたっぷりの「畑のスープ」の本です。スープがアッという間にできる「スープの素」の作り方、そしてパンとスープを引き立ててくれる「パンとスープの友」のレシピもたくさんご紹介しました。ご自分のために、大切な人のために、この本を役立てていただけたらとてもうれしいです。

フランス人がフランスの地粉でフランスパンを焼き、インド人がインドの地粉でチャパティを作るように、私たちも、私たちの地粉で、未来に残すべき「にっぽんのパン」を焼きましょう！

CONTENTS

002　はじめに
006　はじめる前に
006　パン作りをはじめる前に

地粉で作る、ふんわりもっちり
にっぽんのパン

008　有機天然酵母のブール
013　ホシノ酵母で作るときのポイント
　　　ホシノ酵母の起こし方
014　地粉のパンに使う3つの材料
016　ふわふわ丸パン
018　平焼きピタ
020　ふんわりマントウと黒ごま花巻

❖ パンの友（1）
022　さつまいもバター
023　ナッツバター・チョコスプレッド
024　失敗なしのもちもちベーグル
027　直焼きマフィン
028　絶対ふくらむピタパン

❖ パンの友（2）
030　アマランサスのタラモサラタ
031　ひよこ豆のペースト・黒豆のペースト

032　オリーブの実のパン
033　モチレラチーズのピザ
034　籠なしカンパーニュ

❖ パンの友（3）
036　さわやかりんごジャム
037　まっ赤ないちごジャム・甘酸っぱいレモンピール

❖ パンの友（4）
038　有機ショートニングと有機ココナッツオイル
039　有機アガベシロップ
040　みんなのドロップケーキ
042　ざくざくスコーン
044　食事用の塩マフィン

❖ パンの友（5）
046　和ピクルス
047　セミドライトマトのオイル漬け
048　ライ麦フルーツパンとライ麦プチパン
050　全粒地粉の平焼きパン
051　豆乳ヨーグルトのナン（夏用レシピ）

❖ パンの友（6）
052　豆乳ヨーグルト
053　フロマージュブラン・パイナップルクリームチーズ
054　モチレラチーズ

056 スープ作りをはじめる前に

野菜だけで作るこっくり
畑のスープ

058 お湯かけスープ3品

060 ［スープの素］昆布水

062 焼きキャベツのスープ
064 レンズ豆とトマトのスープ
065 にんにくとしょうがだけのスープ

066 ［スープの素］たまねぎ炒めストック

068 ジンジャーカレー
070 オニオングラタンスープ
071 白花豆と野菜のブイヤベース
072 根菜のトマトスープ
074 春野菜のグリーンミネストローネ
076 大根ともちきびのカレー

078 ［スープの素］きのこスープの素

080 トマトときのこのさっぱりスープ
081 青菜ときのこのとろみスープ

❖ スープの友

082 白みそ粉チーズ
083 和ラー油・タバ酢コ
084 アイオリソース・バジルペースト
085 スープの友・スープの素のアレンジレシピ

086 ［スープの素］地粉のホワイトルウ

088 ごろごろじゃがいもクリームシチュー
090 チンゲン菜としめじのクリームスープと
かぶのクリームスープ

092 ［スープの素］地粉のドミグラスルウ

094 金時豆のシチュー
096 根菜シチュー
097 まいたけとごぼうのシチュー

098 ［スープの素］みそスープの素

100 豆もやしのピリ辛スープ
102 かぼちゃとにらのみそスープと
里芋とねぎのトロトロスープ

104 アク抜きのワザ／濃厚なスープを作るワザ
106 おすすめの材料
108 材料問い合わせ先
110 おわりに

はじめる前に

[アイコン] = パンのページに掲載しているアイコンは、パンによく合うおすすめの「パンの友」を紹介してます。

[アイコン] = スープのページに掲載しているアイコンは、スープによく合うおすすめのパンを紹介しています。

○ 本書で使用している計量スプーンは、大さじ＝15cc、小さじ＝5cc。重さ（g）は材料によって違います。水は1g＝1cc。

○「適量」＝適当な量。ほどよい量。好きな量。

○「適宜」＝本書では、とくに最後に加える塩の分量に使います。その日の野菜、食べる人の体調によって必要な塩分量は変わります。味をみて「ちょうどよい」と思えば適宜。多すぎても少なすぎても適宜ではありません。味は何度もみてビシッと決めましょう。

パン作りをはじめる前に

■ 塩の量＝塩はメーカーによって塩分濃度が違います。本書では「海の精」を使用したときの分量を出しています。ほかのメーカーのものを使う場合は、量を減らす方向で調節してください。

■ ぬるま湯の温度と量＝レシピは目安です。季節、湿度によって調節してください。

■ 焼き時間＝本書で使用しているオーブンは1400Wのものです。オーブンによって時間は調節しましょう。

■ 水まわし＝粉に水を入れて混ぜ合わせ、粉全体に水分を均一に行きわたらせること。

■ 吸水させる＝粉の芯まで水分を行きわたらせること。地粉（うどん粉）のパンをふんわりと仕上げるために重要な作業。

■ クープ＝焼く直前に生地の表面に入れる切れ目のこと。これにより割れを防ぎ、ふっくらと形よく焼き上げることができます。生地の状態と丸めがよければ、クープはキレイに開きます。

地粉で作る、ふんわりもっちり
にっぽんのパン

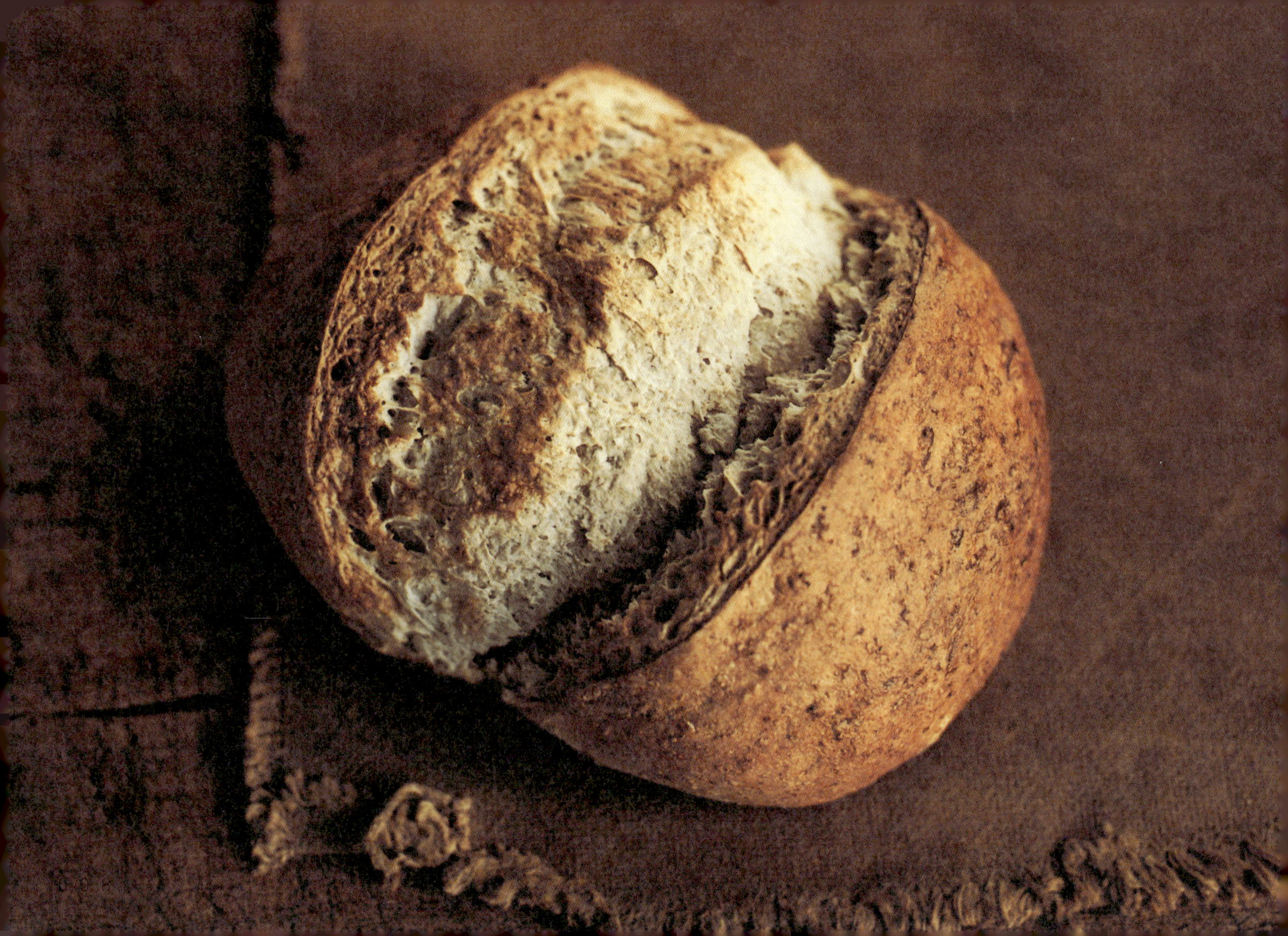

❖ 地粉のパン作りが学べる基本のパン
有機天然酵母のブール

粉と塩と酵母だけで作る、外はパリッ、中はふわふわのパン。
地粉のパンのほとんどの工程が入っているので、練習にぴったりです。
ポイントをマスターすれば、ほかのパンはとっても簡単。シンプルで難しいパンでもあります。

🔲 = なんでも

++++++++++++++++++++++++++++++++
【材料】2コ分
地粉…200g　全粒地粉…50g　有機天然酵母…2g
ぬるま湯…165cc（要調節）　海塩…4g
++++++++++++++++++++++++++++++++

【作り方】
❶ 粉をかき混ぜる

地粉、全粒地粉、酵母をボウルに入れ、粉がふわっとするまで1～2分、手でよくかき混ぜ〈写真A〉、まん中をくぼませる。

▶ コツ　空気を含ませてダマをなくし、粉の温度を上げるために行います。粉が冷えている冬場はとくに大切。

❷ 水まわし

❶のボウルにぬるま湯を一度に入れ〈写真B〉、大きめのスプーンで素早くかき混ぜて〈写真C〉均等にする〈写真D〉。

◆ 水まわしのポイント

地粉のパン作りでいちばん大切なのは水まわしです。水まわしをするときは、エネルギーを注ぎこむような気持ちで、素早く行います。
粉っぽさが残る場合は、指先でつまむようにして、しっかりともみこみましょう。
また、ここでこねてしまうとグルテンができてしまい、次に行う吸水が遅れてしまうので、あとでこねるときに生地がやはりベタつく原因となります。水まわしのときは、くれぐれもこねずにもみこんでください。

▶ コツ　ぬるま湯の温度は、春・秋は約28℃、夏は15～20℃、冬は30～40℃。暖かい日は低め、寒い日は高めにします。量は、梅雨など湿度の高い時期は減らし、空気が乾燥する冬場は増やします。粉によって必要な水分量が違うので、同じメーカーの粉でパン作りをすると感覚をつかみやすいでしょう。

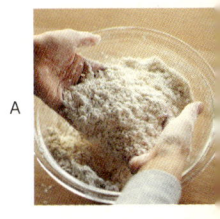

A

B

C

D

A

B

C

D

❸ 吸水させる

生地をそのままの状態でビニール袋に入れ〈写真A〉、室温で約30分おく。

> コツ　地粉はパン用強力粉に比べ水分の吸収が遅いので、こねる前に水分をしっかり吸収させます。ただし、水分が吸収される前に発酵が進みすぎてしまうとうまくいきません。夏場は室温ではなく、冷蔵庫の野菜室に入れ、冬場は生地が冷えないように暖かい場所におきましょう。

❹ こねる

生地を袋から取り出す。しっとりとまとまってツヤが出ているのを確認してから〈写真B〉、海塩を指先ですりつぶすようにして高い位置からパラパラと生地に落とす〈写真C〉。手のひらを使って、塩が均等に混ざり、生地の表面がなめらかになるまで約2分こねる〈写真D〉。

> コツ　地粉のパンは、パン用強力粉で作るパンのように、しっかりこねることができません。こねればこねるほど生地が傷んでベタつく性質をもっています。吸水させてからこねることによって、水分が多い生地でもベタつきがおさえられ、すぐに生地がまとまります。海塩は固まりがないように、指先でよくすりつぶして使いましょう。こねる時間がとても短いので、ムラなく均等に塩が入るように、丁寧に行ってください。

◆ こねるポイント

○ よいこね方

手のひらを使い、生地がなめらかになるまで動かしながら、ほどよい力で約2分こねます。

× 悪いこね方

生地を力強く押し広げてはひとまとめにするようなこね方をすると、生地が傷んでしまいます。地粉のパン生地はこうなると、こねるほどにベタついて手にくっつき、大変扱いにくい生地になります。このまま生地を丸めると表面が粗くなり、そこからガスがぬけ、固いパンになります。

❺ 冷蔵庫で一晩発酵させる

生地を厚めのビニール袋に入れ、空気をぬき、袋の口をグルグルとねじり、きつく閉じる〈写真A〉。冷蔵庫の野菜室に一晩おき、発酵させる。翌日、袋がパンパンにふくらみ、生地が約2倍の大きさになったら発酵終了〈写真B〉。ビニール袋がうすい場合は二重にする。

コツ 生地をビニール袋に入れておいておくと、発酵がはじまり、生地がふくらみはじめますが、きつくしばってあるため、大きくふくらむことができません。そうすると、袋の中で圧力がかかりはじめます。この「圧力のかかった状態で長時間おいておくこと」。これが最大のコツです。
生地に圧力がかかり続けると、こねずに、しっかりこねたようなグルテンが形成されるのです。地粉は、もともとグルテンの素となるタンパク質の量が少ない上に、こねすぎると傷みやすい粉ですが、この方法を使えば、グルテンをいとも簡単に作ることができます。

さらに、袋を小さめのボウルや箱に入れておくと、圧力がかかりやすくなり、しっかりとした強いグルテンができて、パンがふっくらとふくらみます。

野菜室の温度は7℃以上あるのが望ましく、5℃以下では発酵にとても時間がかかります。発酵がなかなか進まない場合は、野菜室の温度を確かめましょう。また、冷蔵庫に野菜室がない場合、縦長の箱などに入れてドアポケットで発酵させてもよいでしょう。冬場は、冷蔵庫に入れずに室温で一晩発酵させてもおいしくできます。

A → B

◆ 発酵を見極めるポイント

袋の中に水滴がたくさんついて生地がしぼんでいる

発酵過多になっています。ぬるま湯の温度を、低くするか、酵母の量をほんの少し減らしてください。袋の中の空気もしっかりぬきましょう。

生地が石のように固まっている

酵母が起きていません。ぬるま湯の温度を上げてください。こねたあと、すぐに冷蔵庫に入れずに、一呼吸（15〜30分）おきます。冬場は冷蔵庫ではなく、室温で朝までおくとちょうどよいでしょう。それでもなかなか発酵が進まない場合は、酵母をほんの少し増やしてみてください。

❻ 成形する

冷蔵庫から生地を取り出し、丸め直す〈写真A〉。ボウルをかぶせて約10分おき、その生地をスケッパーで2分割し〈写真B〉、さらにそれぞれ丸め直す〈写真C、D〉。

> **コツ** 生地の表面をピンと張るようにして丸め、閉じ口をしっかりと閉じます。閉じが甘いとそこからガスがぬけ、底の広い形になり、大きくふくらみません。ふんわり感の足りない仕上がりになります。

❼ 室温で最終発酵させる

室内の暖かい場所におき、28℃で40〜60分を目安に、生地が約1.5倍の大きさになるまで待つ〈写真E〉。

> **コツ** 指で押して、軽く指の跡が残ったら発酵終了。生地が戻るようなら発酵不足。跡がしっかり残るようなら発酵過多。乾燥しないように、霧吹きで水を吹きかけ、大きめのボウルをかぶせておくとよいでしょう。

❽ クープを入れる

よく切れるナイフで、生地の表面に深さ約2mmの切りこみを縦にまっすぐ入れ〈写真F〉、ハケで豆乳（分量外）を表面に塗る〈写真G〉。

> **コツ** この生地は必ずクープを入れます。入れないと変なところから割れてしまいます。ナイフは、クープナイフのほか、よく切れるペティーナイフや、カミソリ、カッターなどでも。豆乳を塗るとツヤが出ます。霧吹きで水を吹きかけてもOK。

❾ 焼く

220℃に天板ごと温めたオーブンに入れ、10分焼いたあと、200℃に下げて約15分焼く。

> **コツ** オーブンによって温度は調節してください。白く焼き上がる場合は次から温度を上げ、焦げつく場合には温度を下げ、焼き時間ができるだけ25分になるように調節します。

ブールは冷めてから食べると中がふんわりします。焼きたての熱々は、外がパリパリ、中はもちもちでまた違う食感。固くなったブールは、スライスしていなければ霧吹きでたっぷりと水をかけ、180℃に温めたオーブンで約5分焼くと、焼きたての味がよみがえります。残ったブールはスライスして冷凍し、食べるときに熱した鉄のフライパンでサッと焼いて食べると大変おいしいです。ごく薄くスライスしてカリカリにトーストし、ナッツバターや、豆のペーストなどをのせると、ワインに合うおつまみにもなります。

ホシノ天然酵母で作るときのポイント

本書で紹介する地粉のパンはすべて、ホシノ天然酵母を使っても作ることができます。その場合、「有機天然酵母2g」を「ホシノ酵母生種20g」に替え、ぬるま湯の量を10cc減らしてください。有機天然酵母を使った場合より、発酵時間は長くなります。
例)ブール(P.9〜)の場合…1次発酵は、冷蔵庫の野菜室で20時間以上。最終発酵は、約28℃で1時間半〜2時間。

ホシノ酵母の起こし方

【 手順 】
① 消毒した清潔な容器に、酵母に対して2倍量のぬるま湯(28〜30℃)を用意する。
② 種菌を加え、スプーンでよくかき混ぜる。
③ 通気できるように、かるくふたをする(ようじで穴をあけたラップをかけてもよい)。
④ 約28℃を保ちながら、24時間おく。
⑤ 酒粕のような発酵香と、ピリッとした苦味が出てきたら冷蔵庫に保管し、1週間で使いきるようにする〈写真A〉。

【 使い方 】
粉をかき混ぜ、まん中をくぼませたあと、ホシノ生種を入れる〈写真B〉。生種のうえに一度にぬるま湯を入れ、水まわしをする。あとは同様に作る。有機天然酵母を使った場合より、発酵時間は長くなる。

A

B

地粉のパンに使う3つの材料

地粉は、自然食品店、大型スーパー、農協の直売所などで入手できます。「国産強力粉」ではなく、「地粉」と書かれている中力粉〜準強力粉を選びましょう。全粒地粉は「完全粉」という商品名でも販売されています。有機天然酵母は、ネット通販での購入が便利です。ホシノ天然酵母ユーザーは、P.13を参考に作ってください。

地粉（うどん粉）

地粉とは、その土地で生産から収穫、製粉までされた小麦粉のこと。この本では国産の中力粉〜準強力粉のうどん粉をさします。粉そのものの旨味がしっかりとあり、味わい深い。近年、身近で手に入る小麦はほとんどが輸入物ですが、もともとは古くから日本で栽培され、地粉は米に次ぐ第2の主食でした。その土地の小麦でうどんを打ち、すいとん、ひっつみ、おっきりこみ、おやきなど、伝統的地粉食を作り食べていました。この"地粉DNA"をもつ日本人の身体には、地粉のパンがよく合います。地粉のパン作りは、グルテン量の少なさから、輸入小麦粉（強力粉）に比べ難しく思われがちですが、粉の特性を理解して扱うことにより、驚くほど簡単に、風味豊かなふわふわのパンが作れます。さらに日本で使用禁止のポストハーベスト（収穫後に散布される農薬）による汚染がないことも利点の1つ。小麦アレルギーの人の中には、ポストハーベストに対するアレルギーの場合もあると言われています。また地粉の消費は、生産農家を応援し、日本の小麦自給率アップにもつながります。

左／「南部地粉」岩手県産のナンブコムギを丸ごと製粉し、ふるいにかけてふすまのみを取り除いているため栄養豊富。香り豊かで甘味がある中力粉。のびのよい生地ができるため、パン作りに向いている。(a) 　中央／「地粉全粒粉」福岡県産の特別栽培小麦『月いずみ』全粒粉。全粒地粉は、小麦の表皮や胚芽をつけたまま丸ごと挽いているので、ビタミン・ミネラル・植物繊維が豊富。小麦の味わいがさらに増す。(b) 　右／「地粉」福岡県産の特別栽培小麦『月いずみ』。完熟した小麦だけを石臼で丁寧に挽いた中力粉。もちもちとした食感とやさしい香りで、旨味と甘味も強く、仕上がりは茶色っぽくなる。お菓子作りにも向いている。(b)

問い合わせ先
(a) オーサワジャパン　http://www.ohsawa-japan.co.jp/　電話：048-447-8588
(b) 陰陽洞　http://in-yo-do.com/shop/　電話：046-873-7137
(c) 海の精　http://www.uminosei.com/　電話：03-3227-5601

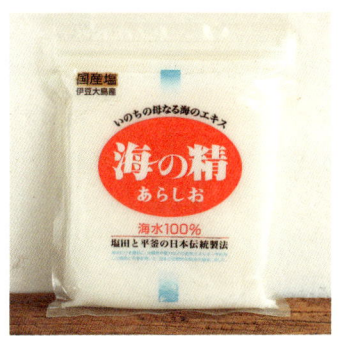

有機天然酵母 (b)

厳選された酵母と有機小麦が主原料。純粋な湧き水を使用し、すべてオーガニックの栄養素で育てたドライタイプの天然酵母。有機ＪＡＳ認定品。添加物、化学薬品処理は一切なし。通常の天然酵母よりもぐっと扱いやすく、パン作りがスムーズに行えます。自家製酵母のように雑菌の繁殖の心配がないため、パン作り初心者でも安心して使えます。ぬるま湯にとかすと酵母の力が弱り発酵が悪くなるため、小麦粉に直接混ぜて使用します。また、低温でも発酵するため、冷蔵庫（野菜室）発酵※ が可能。小麦粉本来の味や香りを引き出す力が大変強いので、地粉のパンを作るにはもってこいの天然酵母です。

※冷蔵庫発酵…4℃以下では酵母がほとんど働かなくなるため、野菜室（約7℃）で発酵させる。そのときは納豆やぬか漬けなど、ほかの菌の近くにはおかないように注意すること。

海塩 (c)

ミネラル豊富な海水100％を原料に、日本の伝統的な天日・平釜法にて作られた「海塩」を使いましょう。よい塩はパンをおいしくするばかりではなく、体内のミネラルバランスを整え、生命力を高めてくれます。「海の精」は、伊豆大島の清らかな海水100％を原料に、日本古来の伝統製法で作られた無添加の海塩。ニガリ成分が残っているのでまろやかな甘味があり、おすすめの塩です。

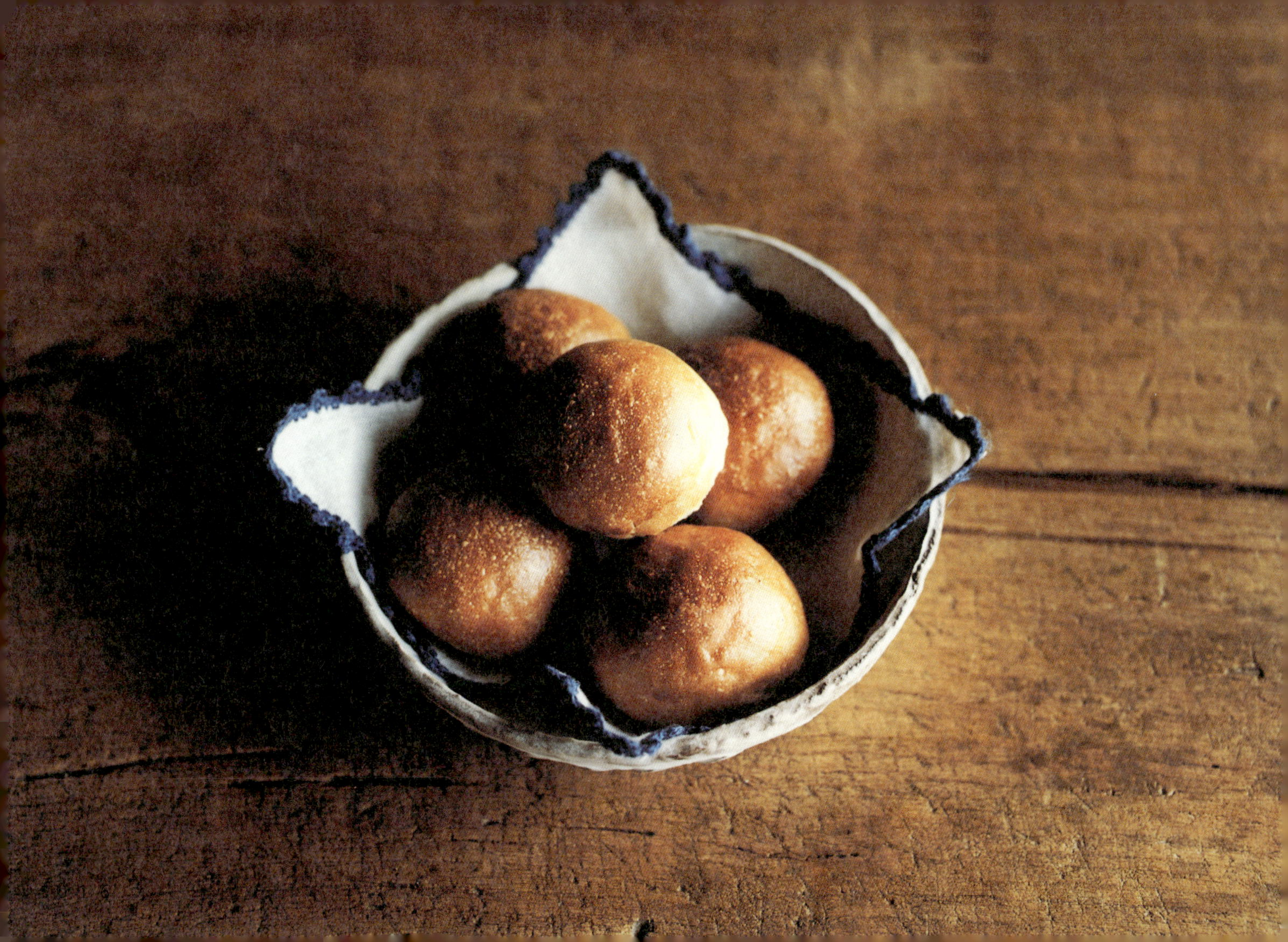

❖ 外も中もふんわりの食べやすいテーブルパン
ふわふわ丸パン

🗔 = ナッツバター、ジャム類

ジャムやナッツバターをつけてもよし、そのまま食べてももちろんおいしい。
どんなスープにもよく合います。作り方もベーシックで、ほかのパン作りに応用できます。

++++++++++++++++++++++++++++++++++
【材料】8コ分
地粉…250g　有機天然酵母…2g　ぬるま湯…140cc（要調節）
アガベシロップ（またはメープルシロップ）…15g
なたね油…20g（大さじ1と1/2）　海塩…4g
++++++++++++++++++++++++++++++++++

【作り方】
❶ 地粉、酵母をボウルに入れ、粉がふわっとするまで1〜2分、手でよくかき混ぜ、まん中をくぼませる。
❷ ぬるま湯とアガベシロップをよく混ぜ、❶に一度に入れ、大きめのスプーンで素早くかき混ぜて均等にする。なたね油も入れて素早く混ぜ〈写真A〉、生地を手でちぎって油を均等に行きわたらせる〈写真B〉。
❸ 生地をそのままの状態でビニール袋に入れ、室温で約10分おく。
❹ 生地を袋から取り出し、海塩を指先ですりつぶすようにして高い位置からパラパラと生地に落とす。手のひらを使ってやさしく約2分こねる。生地の表面がなめらかになり、塩が均等に混ざれば終了。
❺ 生地をビニール袋に入れ、空気をぬき、袋の口をグルグルとねじり、しっかり閉じる。冷蔵庫の野菜室に一晩おき、発酵させる。翌日、生地が2〜2.5倍の大きさになれば発酵終了。
❻ 冷蔵庫から生地を取り出し、丸め直す。ボウルをかぶせて約10分おき、その生地をスケッパーで8分割し〈写真C〉、それぞれ丸め直す。
❼ 室内の暖かい場所におき、生地が約1.5倍の大きさになるまで待つ。

　コツ　ビニール袋に天板ごと生地を入れて、天板のまわりにお湯を入れたコップを柱のようにして入れておくと乾燥を防ぐことができます〈写真D〉。お湯は40〜50℃。

❽ ハケで豆乳（分量外）を表面に塗り、200℃に温めたオーブンで約15分焼く。

A　B　C　D

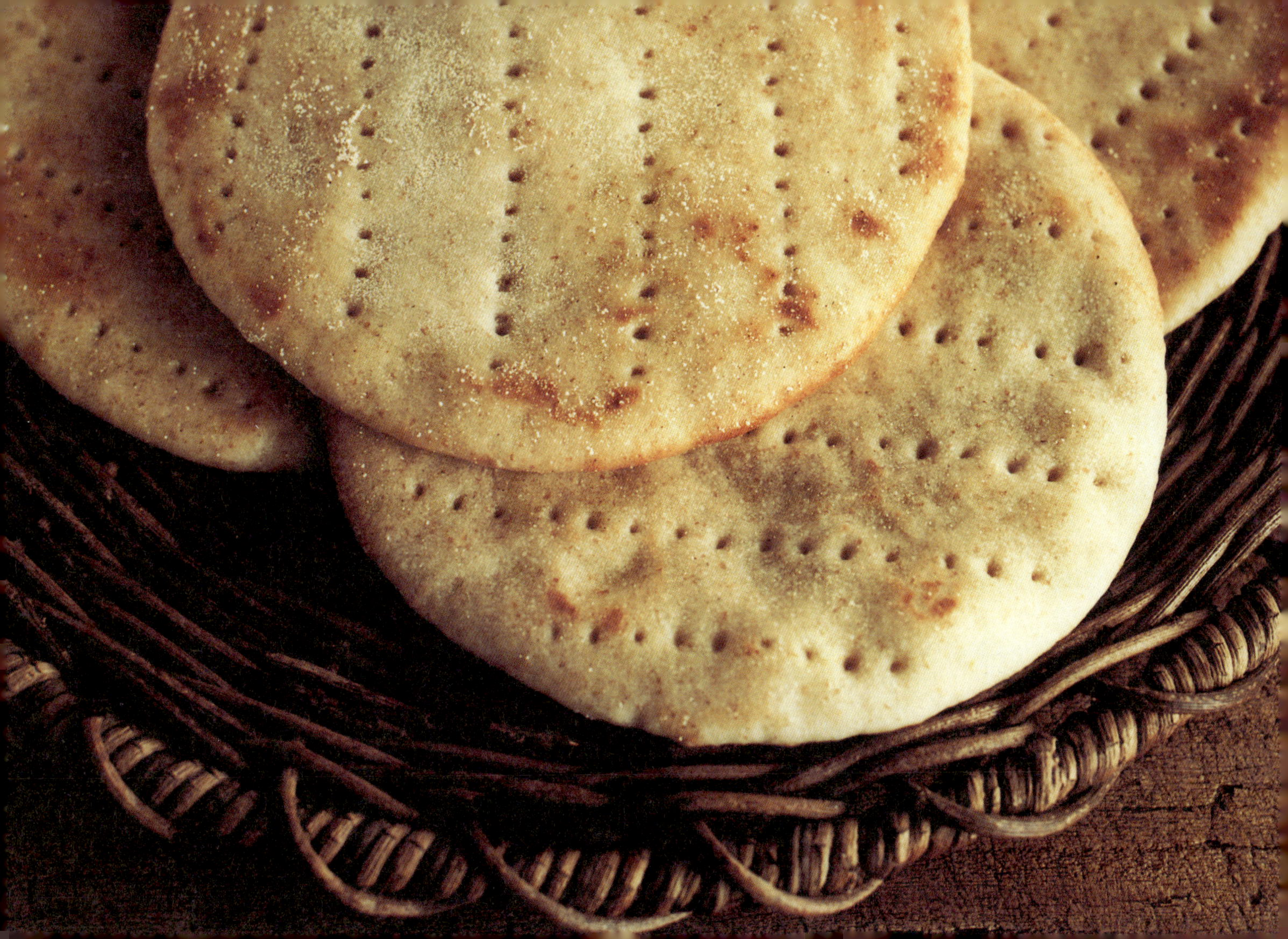

❖ やっぱりこのパンがいちばん好き

平焼きピタ

🗔 = タラモサラタ、豆のペースト類

丸パンを参考に作ります。ふんわりとしてしっかり味がある、食べやすい中近東のパンです。
焼き直してアツアツにしてもよく、簡単に作れるので、「とりあえずピタでも焼いておこう」という気分になります。

+++
【 材料 】6枚分
地粉…225g　全粒地粉…25g　有機天然酵母…2g
水…135cc（要調節）　アガベシロップ（またはメープルシロップ）…10g
オリーブ油…13g（大さじ1）　海塩…4g
+++

【 作り方 】
❶ 丸パンの作り方（P.17）❶〜❺までと同様にして生地を作り、冷蔵庫で一晩発酵させる。
❷ 冷蔵庫から生地を取り出し、丸め直す。その生地をスケッパーで6分割してそれぞれ丸め直してから、ボウルをかぶせて約10分おく。打ち粉（セモリナ粉またはとうもろこし粉、なければ全粒地粉でもよい・分量外）をして〈写真A〉、手で平たくのばし、めん棒で直径約15cmにのばす〈写真B〉。
❸ 室内の暖かい場所で約30分おく。
❹ フォークを使って生地に穴をあけ〈写真C〉、250℃に温めたオーブンで約3分焼く（白焼き）。食べるときは、熱したフライパンにオリーブ油（分量外）をひき、生地の両面をサッと焼く〈写真D〉。

◎白焼きのままでもおいしい。タラモサラタや、ひよこ豆のペーストとの相性抜群。野菜をたっぷり添えるとさらにおいしい！

A　　　B

C　　　D

019

❖ ふだんの食事に、
甘いおやつに

ふんわりマントウと
黒ごま花巻

丸パン生地で作ります。
マントウはトーストして
オリーブ油と海塩をつけても。
花巻は甘いおやつパンにもなります。

🫙 = みそスープの素（P.98）

ふんわりマントウ

++++++++++++++++++++++++++++++++++++
【 材料 】8コ分
地粉…250g　有機天然酵母…2g　ぬるま湯…130cc（要調節）
アガベシロップ（またはメープルシロップ）…15g
なたね油…20g（大さじ1と1/2）　海塩…4g
++++++++++++++++++++++++++++++++++++

【 作り方 】

❶ 丸パンの作り方（P.17）❶～❻と同様にして生地を作り、8分割して丸め直す。

❷ 45～50℃のお湯をはった鍋の上にセイロをおき、その中に生地を入れて〈写真A〉、ふたをしめ、約1.5倍の大きさになるまで30～40分待つ。

❸ セイロをはずし、鍋のお湯を沸騰させ、セイロをのせて強火で約15分加熱する。火を止め、そのままふたをあけずに約5分おく（ツヤツヤに仕上がる）。

◎固くなったらセイロで約5分蒸し直せばよみがえります。みそスープの素と白髪ねぎをはさむとおいしく、お弁当にも最適。

黒ごま花巻

++++++++++++++++++++++++++++++++++++
【 材料 】10コ分
地粉…250g　有機天然酵母…2g　ぬるま湯…130cc（要調節）
アガベシロップ（またはメープルシロップ）…15g　海塩…4g
なたね油…20g（大さじ1と1/2）　黒いりごま…適量
++++++++++++++++++++++++++++++++++++

【 作り方 】

❶ 丸パンの作り方（P.17）❶～❺と同様にして生地を作り、冷蔵庫で一晩発酵させる。

❷ 冷蔵庫から生地を取り出し、丸め直す。その生地をスケッパーで2分割し、それぞれ丸め直してから、打ち粉（地粉・分量外）をし、表面を傷つけないようにめん棒でのばし、約20×30cmの長方形の生地を2枚作る。生地の表面になたね油（分量外）を薄く塗り、黒ごまを軽く押さえるようにしてのせる。手前からふんわりとゆるく巻いていき〈写真B〉、閉じ口はしっかり閉じる（きれいに作るポイント）。生地をスケッパーでそれぞれ10等分にし、閉じ口を合わせるように2つずつ上下に重ね、竹串（または箸）を使ってまん中をギュッと押しつける〈写真C〉。生地の両端を持ってやさしく引きのばし、キャンディーの包み紙のようにグルリとねじり〈写真D〉、両端をしっかりと閉じる〈写真E〉。

❸ マントウの作り方❷❸と同様に最終発酵させ、約14分蒸す。

◎シナモンパウダーとメープルシュガーを一緒に巻けば甘いおやつに。黒ごまの代わりに、こしょうやドライバジルを入れてもおいしい。ドライバジルを使う場合は、表面にオリーブ油を塗るとよい。

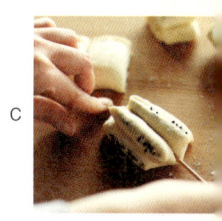

パンの友 (1)
純植物性のスプレッド

焼きたてのパンにバターをつけて、コクのある味を楽しみたい。そんな日にぴったりの、完全オーガニック、純植物性スプレッドのレシピです。さつまいもバター以外は冷蔵庫で1カ月以上もちます。

さつまいもバター
黄金色の輝きはまさにバター

【材料】150g分
さつまいも（金時芋）…約100g（1/2本）
有機ショートニング（またはココナッツオイル）…25g　なたね油…15g　海塩…2g

【作り方】
① さつまいもを約1cmの輪切りにして皮をむき、水（分量外）に約15分さらし、水けをきる。鍋にさつまいもと、かぶるくらいの水（分量外）を入れ、強火にかけ、沸騰したら弱火にし、さつまいもに竹ぐしがスッと通るくらいまで約15分ゆでる。
② ゆでたさつまいもをザルにあけ、熱いうちにフードプロセッサーに入れ、すべての材料を加えてなめらかになるまでかくはんする。熱いうちに容器に入れて、冷蔵庫で冷やし固める。冷蔵庫で約1週間保存可。

◎さつまいもをしっかりかくはんし、粘りを出してから、ほかの材料を入れると乳化がうまくいく。多少分離しても冷蔵庫で冷やせばカチッと固まる。

ナッツバター

焼きたてのトーストのうえで
トロリとろける

【材料】100g分
有機ショートニング（またはココナッツオイル）…60g
ピーナッツペースト（またはタヒニ）…30g　海塩…2g
アガベシロップ…5g（または米あめ10g）

【作り方】
❶ 有機ショートニングを室温（冬場は湯煎）でやわらかくし、ボウルに入れ、小さめの泡立て器でかくはんする。
❷ ほかの材料をすべて入れ、かくはんし、容器に入れて冷やし固める。

◎アガベシロップを加えると、材料が分離しにくくなる。

チョコスプレッド

禁断のジャンキーな味。
食べ過ぎにご注意

【材料】100g分
有機ショートニング（またはココナッツオイル）…35g
アガベシロップ…40g　タヒニ（またはピーナッツペースト）…10g
ココア…15g　海塩…ひとつまみ（味の決め手）

【作り方】
❶ 有機ショートニングを室温（冬場は湯煎）でやわらかくし、ボウルに入れ、小さめの泡立て器でよくかくはんする。
❷ ほかの材料をすべて入れ、よくかくはんし、容器に入れて冷やし固める。

❖ 1次発酵なし！ 簡単に作れる人気パン
失敗なしのもちもちベーグル

いろいろな具材を巻いて楽しめます。
サンドイッチにもぴったりです。

🥫 = ナッツバター、豆のペースト類、クリームチーズ

++
【 材料 】6コ分
地粉…225g　全粒地粉…25g　有機天然酵母…2g　ぬるま湯…135cc
アガベシロップ（またはメープルシロップ）…15g　なたね油…10g　海塩…4g
++

【作り方】
① 地粉、全粒地粉、酵母をボウルに入れ、粉がふわっとするまで1～2分手でよくかき混ぜ、まん中をくぼませる。
② ぬるま湯とアガベシロップをよく混ぜ、①に一度に入れ、大きめのスプーンですばやくかき混ぜて均等にする。なたね油も入れてすばやく混ぜ、生地を手でちぎって均等にする。
③ 生地をそのままの状態でビニール袋に入れ、室温で約15分おく。
④ 生地を袋から取り出し、海塩を指先ですりつぶすようにして高い位置からパラパラと生地に落とす。手のひらを使ってやさしく約2分こねる。生地の表面がなめらかになり、塩が均等に混ざれば終了。

コツ ベーグルは1次発酵がありません。これで生地が完成です。すぐに成形に入ります。が、こね上がった生地を冷蔵庫の野菜室に一晩おくとふわふわのベーグルになります。

A   B   C   D

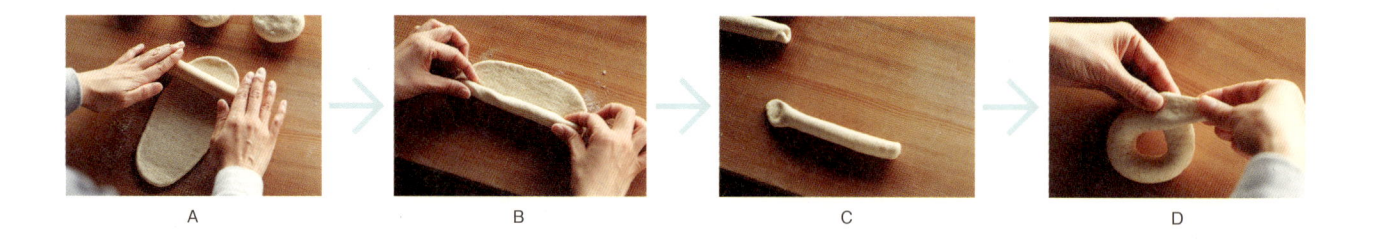

❺ 生地を取り出し、丸め直す。その生地をスケッパーで6分割し、それぞれ丸め直してから、打ち粉（地粉・分量外）をし、手で平たくのばす。めん棒で縦長にのばして〈写真A〉端から両手で生地を巻いていく〈写真B〉。生地の太さをそろえてから一方の端に手のひらを押しつけて平たくし〈写真C〉、もう一方の端を上からくるむようにして閉じる〈写真D〉。

コツ なるべくきつく巻くと生地がシワになりにくく、張りのあるベーグルになります。

❻ 適当な大きさに切ったクッキングシートにのせ、室内の暖かい場所におき、気温28℃くらいで30〜40分を目安に、生地が約1.2倍の大きさになるまで待つ。
❼ 鍋に水1ℓ（分量外）に対し、アガベシロップ大さじ1（分量外）を加えたお湯をわかし、ベーグルの生地を入れ、両面をそれぞれ約20秒ずつゆでる〈写真E〉。
❽ 200℃に温めたオーブンで約15分焼く。

◎「黒ごまベーグル」…❷で油を入れたあと、黒いりごま10gを生地に加えて混ぜ、同様に作る。❼でゆで上がったベーグルの表面にも黒いりごまをつける。
◎「レーズンベーグル」…❺で縦長にのばした生地の端に、レーズンやくるみを一列におき、生地のまん中になるように一緒に巻く。以下同様に作る。

E

❖ 熱々を手でふわっと割って食べます
直焼きマフィン

丸パンの焼き方を変えるだけで作れます。そのまま食べても、パイナップルクリームチーズや豆のペーストをつけても最高です。

🖼 ＝ 豆のペースト類、ジャム類、クリームチーズ

++

【 材料 】6コ分
地粉…250g　有機天然酵母…2g　ぬるま湯…140cc（要調節）
アガベシロップ（またはメープルシロップ）…15g
なたね油…20g（大さじ1と1/2）　海塩…4g

++

【 作り方 】
❶ 丸パンの作り方（P.17）❶〜❺までと同様にして生地を作る。冷蔵庫から生地を取り出し、丸め直す。その生地をスケッパーで6分割し、それぞれ丸め直す。
❷ クッキングシートを適当な大きさに切り、1つずつ生地をのせる。室内の暖かい場所におき、生地が約1.5倍の大きさになるまで待ち、表面にとうもろこし粉（または全粒地粉・分量外）をふる。
❸ 鉄のフライパン（または鉄板）を熱し、なたね油をうすくひき、お餅を焼くように上下を返しながら弱火で両面をじっくりと約15分焼き上げる。

コツ ▶ 生地がやわらかいので、クッキングシートごとそっとのせ、引っくり返したときに、シートを取り除くとうまくいきます〈写真A〉。火が通って固くなるまで生地の側面はさわらないこと。指跡がついてしまいます。

A

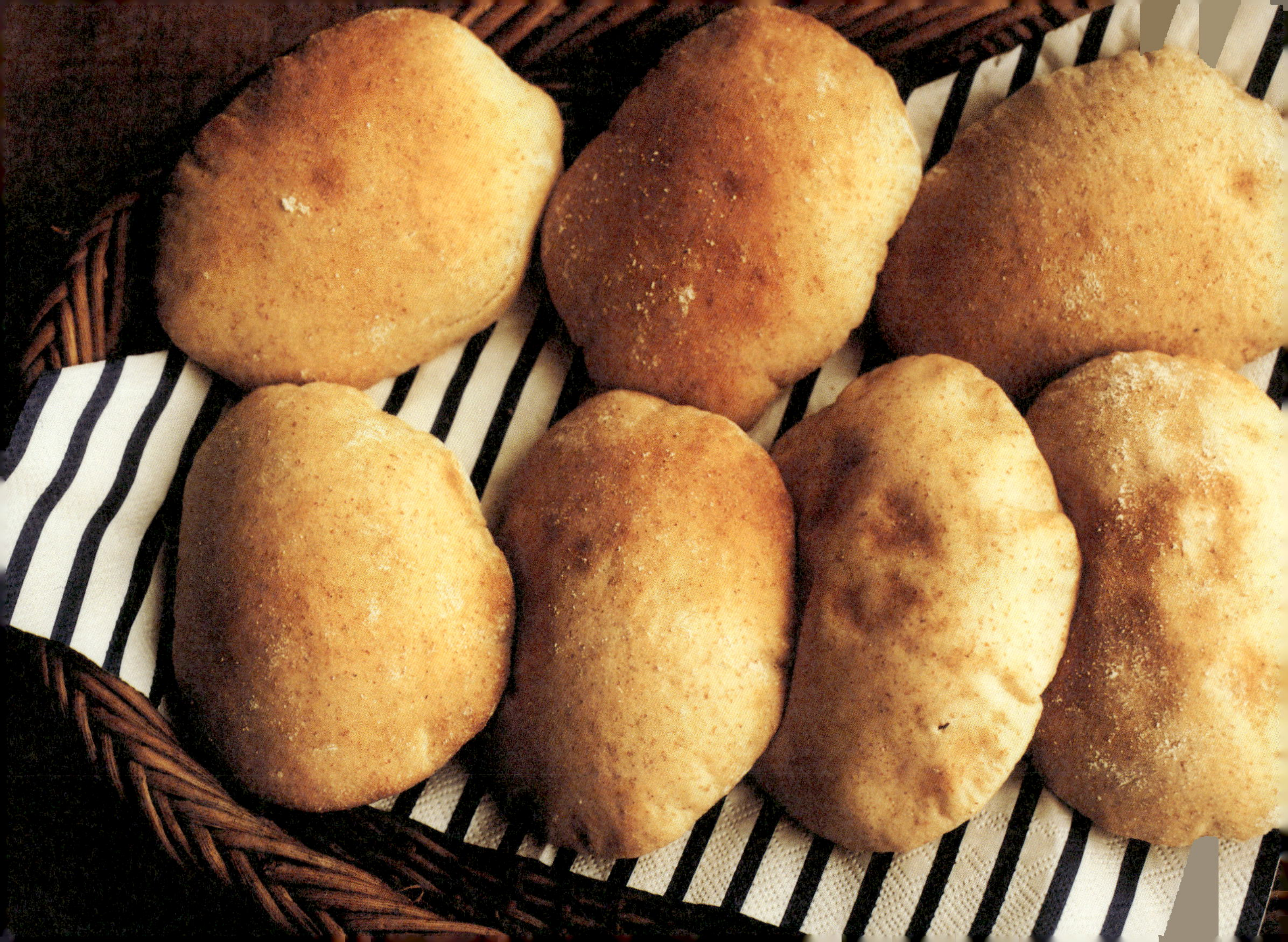

❖ ペーストや野菜をはさめば最高です
絶対ふくらむピタパン

🗍 = ジャム、ひよこ豆のペースト、タラモサラダ

生地さえ仕込んでおけば、2分でパンが焼き上がります。よくふくらんで、しっとりやわらかい。
お総菜をはさめばお総菜パン、甘いものをはさめば菓子パン。ピタパンがあればほかのパンはいりません！（言いすぎです）

【材料】8枚分
地粉…200g　全粒地粉…50g　有機天然酵母…2g
ぬるま湯…135cc（要調節）
アガベシロップ（またはメープルシロップ）…10g
なたね油…13g（大さじ1）　海塩…3g

【作り方】
❶ 地粉、全粒地粉、酵母をボウルに入れ、粉がふわっとするまで1〜2分、手でよくかき混ぜ、まん中をくぼませる。
❷ ぬるま湯とアガベシロップをよく混ぜ、❶に一度に入れて、大きめのスプーンですばやくかき混ぜて均等にする。なたね油も入れてすばやく混ぜ、生地を手でちぎって油を均等に行きわたらせる。
❸ 生地をそのままの状態でビニール袋に入れ、室温で約10分おく。
❹ 生地を袋から取り出し、海塩を指先ですりつぶすようにしながら高い位置からパラパラと生地に落とす。手のひらを使ってやさしく約2分こねる。生地の表面がなめらかになり、塩が均等に混ざれば終了。
❺ 生地をビニール袋に入れ、空気をぬいてから、袋の口をグルグルとねじり、しっかり閉じる。冷蔵庫の野菜室に一晩おき、発酵させる。翌日、約2倍の大きさになれば発酵終了。
❻ 冷蔵庫から生地を取り出し、丸め直す。その生地をスケッパーで8分割し〈写真A〉、それぞれ丸め直す。打ち粉（地粉・分量外）をして、手でたいらにのばしてから〈写真B〉、めん棒で縦長にのばす〈写真C〉。

コツ　めん棒でまん中から上へ、まん中から下へとのばすと、生地がよくふくらみます。一息にスッとのばしましょう。表面を傷つけると空気がもれ、ふくらみが悪くなるので、やさしく扱います。

❼ 250℃に天板ごと温めたオーブンに入れ、約2分焼き、生地がぷっくりとふくらんだら焼き上がり（焼き時間はオーブンの機種によるので、ふくらむまで待つ）。

A　　　　　　　B　　　　　　　C

パンの友 (2)
ごちそうペースト

簡単に作れ、冷蔵庫保存で味が落ちないレシピです。
おいしい塩を使って、味つけはしっかりと。やわらかめに仕上げましょう。
どのペーストもゆで野菜との相性ばっちり。
パンやスープに合わせればごちそうに！

アマランサスのタラモサラダ
苦味もえぐ味もないおいしい作り方です

【材料】4〜5人分
たまねぎ…約100g（1/2コ）　赤梅酢…大さじ2　アマランサス…40g　オリーブ油…大さじ2
なたね油…13g（大さじ1）　にんにく（すりおろし）…2/3かけ　海塩…小さじ1/2
こしょう…適宜　パプリカパウダー（なくてもよい）…適量　じゃがいも…約350g（3コ）
仕上げ用：オリーブ油、黒こしょう…適量

【作り方】
① たまねぎはみじん切りにして、ボウルに入れ、赤梅酢をかけて混ぜ合わせ、梅酢の塩分でたまねぎの水分が出てくるのを待つ。
② その間に、アマランサスを茶こしに入れ、水でよく洗う。鍋に水約1ℓ（分量外）とアマランサスを入れて中火にかけ、沸騰したらそのまま中火で約20分ゆで、茶こしにあける。
③ ゆでたてのアマランサスを①に入れよく混ぜ、アマランサスにたまねぎのエキスと梅酢を染みこませておく（アマランサスの熱でたまねぎの辛味を飛ばし甘みに変える）。アマランサスの色が赤く染まったら、オリーブ油、なたね油、にんにくのすりおろし、海塩、こしょうを入れて、混ぜる。パプリカパウダーを加えるとより赤くなる。
④ じゃがいもは皮をむいて一口大にし、かぶるくらいの水（分量外）から火にかけ、やわらかくなるまで約15分ゆでる。鍋のお湯を捨て、粉吹きにし、鍋の中で木べら（またはフォーク）でつぶす。
⑤ じゃがいもが熱いうちに、③を鍋にすべて加え、よく混ぜ、味をみて海塩（適宜・分量外）で調える。一味唐辛子を加えてもおいしい。器に盛り、オリーブ油、黒こしょうをかける。

◎アマランサスは、たっぷりの水でゆで、ゆで汁を捨てることにより、苦味、えぐ味、粘りがなくなり、タラコのようなツブツブ感が出る。

ひよこ豆のペースト

クセがなく
どんなパンにもよく合います

+++++++++++++++++++++++++++++++++++

【材料】4〜5人分
ひよこ豆(乾燥)…150g　たまねぎ…約100g（1/2コ）
なたね油…大さじ1と1/2　オリーブ油…大さじ1と1/2
タヒニ…大さじ1　レモン果汁…大さじ1　海塩…小さじ1と1/2
仕上げ用：オリーブ油、黒こしょう…適量

+++++++++++++++++++++++++++++++++++

【作り方】
❶ ひよこ豆をざるに入れて水でサッと洗い、豆の約3倍の水（分量外）に一晩つけて戻しておく。
❷ 豆をざるにあげて水をきり、豆と新しい水（豆の約3倍・分量外）を鍋に入れて中火にかけ、沸騰したら弱火にし、豆がやわらかくなるまで30〜40分ゆでる。ゆで汁はとっておく。
❸ 豆が熱いうちに材料すべてをフードプロセッサーにかけ、なめらかになるまでかくはんする。❷のゆで汁でやわらかさを調節し、味をみて海塩で調える。器に盛り、オリーブ油、黒こしょうをかける。

黒豆のペースト

長ねぎの青い部分も使うと
風味が出ます

+++++++++++++++++++++++++++++++++++

【材料】4〜5人分
黒豆(乾燥)…150g
ⓐ｜長ねぎ…約100g（1本）　にんにく（みじん切り）…1/2かけ　なたね油…大さじ2　オリーブ油…13g（大さじ1）　タヒニ…大さじ1　レモン果汁…大さじ1　しょうゆ…大さじ1　海塩…4g（小さじ1）｜
仕上げ用：オリーブ油、黒こしょう…適量

+++++++++++++++++++++++++++++++++++

【作り方】
❶ 黒豆をざるに入れて水でよく洗い、鍋に入れ、豆の約3倍の水（分量外）を入れ、約2時間つけて戻しておく。
❷ ❶をそのまま中火にかけ、沸騰したら弱火にし、アクを取りながら豆がやわらかくなるまで50〜60分ゆでる。ゆで汁はとっておく。
❸ 豆が熱いうちにⓐの材料すべてをフードプロセッサーにかけ、なめらかになるまでかくはんし、❷のゆで汁でやわらかさを調節し、味をみて海塩で調える。器に盛り、オリーブ油、黒こしょうをかける。

◎全粒地粉入りのパンによく合う。

❖ 焼き上がりもかわいい

オリーブの実のパン

ピタパン生地で作るパンです。オリーブの実の良質な油分と水分が加わり、ふっくら仕上がります。

+ +

【材料】8コ分
地粉…200g　全粒地粉…50g　有機天然酵母…2g　ぬるま湯…135cc（要調節）
アガベシロップ（またはメープルシロップ）…10g
オリーブ油…13g（大さじ1）　海塩…3g　オリーブの実…約50g

+ +

【作り方】

❶ ピタパンの作り方（P.29）❶〜❺と同様にして生地を作る。水まわしのとき、オリーブ油を加える。また、生地に塩をふったあと、種を取り細かくカットしたオリーブの実を混ぜながら、こねる。

❷ 冷蔵庫から生地を取り出し、丸め直す。その生地をスケッパーで8分割して丸め直し、手でたいらにのばしてから四隅を内側に折り〈写真A〉、上下を合わせて閉じ〈写真B〉、ドッグ形（コッペパンのような形）に整える〈写真C〉。

❸ 室内の暖かい場所におき、生地が約1.5倍の大きさになるまで待つ。

❹ キッチンバサミで生地の表面に切りこみを入れ、表面にハケで豆乳（分量外）を塗り、200℃に温めたオーブンで約15分焼く。

A

B

C

❖ ベジタリアンもOK!
モチレラチーズのピザ

ピタパン生地で作ります。全粒地粉が香ばしく、
パリパリ生地とチーズのトロ〜リとろける食感がたまりません。

++
【 材料 】3枚分
地粉…200g　全粒地粉…50g　有機天然酵母…2g　ぬるま湯…135cc（要調節）
アガベシロップ（またはメープルシロップ）…10g　オリーブ油…13g（大さじ1）
海塩…3g　トマトソース(P.85)、モチレラチーズ(P.54)…好きなだけ
マッシュルーム（またはしめじなど）…1パック
EXバージンオリーブ油、バジル、ルッコラ…適量　タバ酢コ(P.83)…お好み
++

【 作り方 】
❶ ピタパンの作り方(P.29)❶〜❺と同様にして生地を作る。
❷ 冷蔵庫から生地を取り出し、丸め直す。その生地をスケッパーで3分割にして、それぞれ丸め直す。手で平たくのばしてからクッキングシートに1つずつのせ、めん棒で直径約20cmにのばす〈写真A〉。トマトソース、モチレラチーズ、マッシュルームの順に生地にのせる〈写真B〉。
❸ 250℃に天板ごと温めたオーブンに入れ、5〜6分焼く。
❹ 焼き上がったピザの縁にEXバージンオリーブ油をたらし、バジルやルッコラをのせる。お好みでタバ酢コをかける。

◎ドライトマト、バジルペーストや白みそ粉チーズをトッピングすると、さらにおいしくなる。生地が余るときはピタパンにして冷凍するとよい。

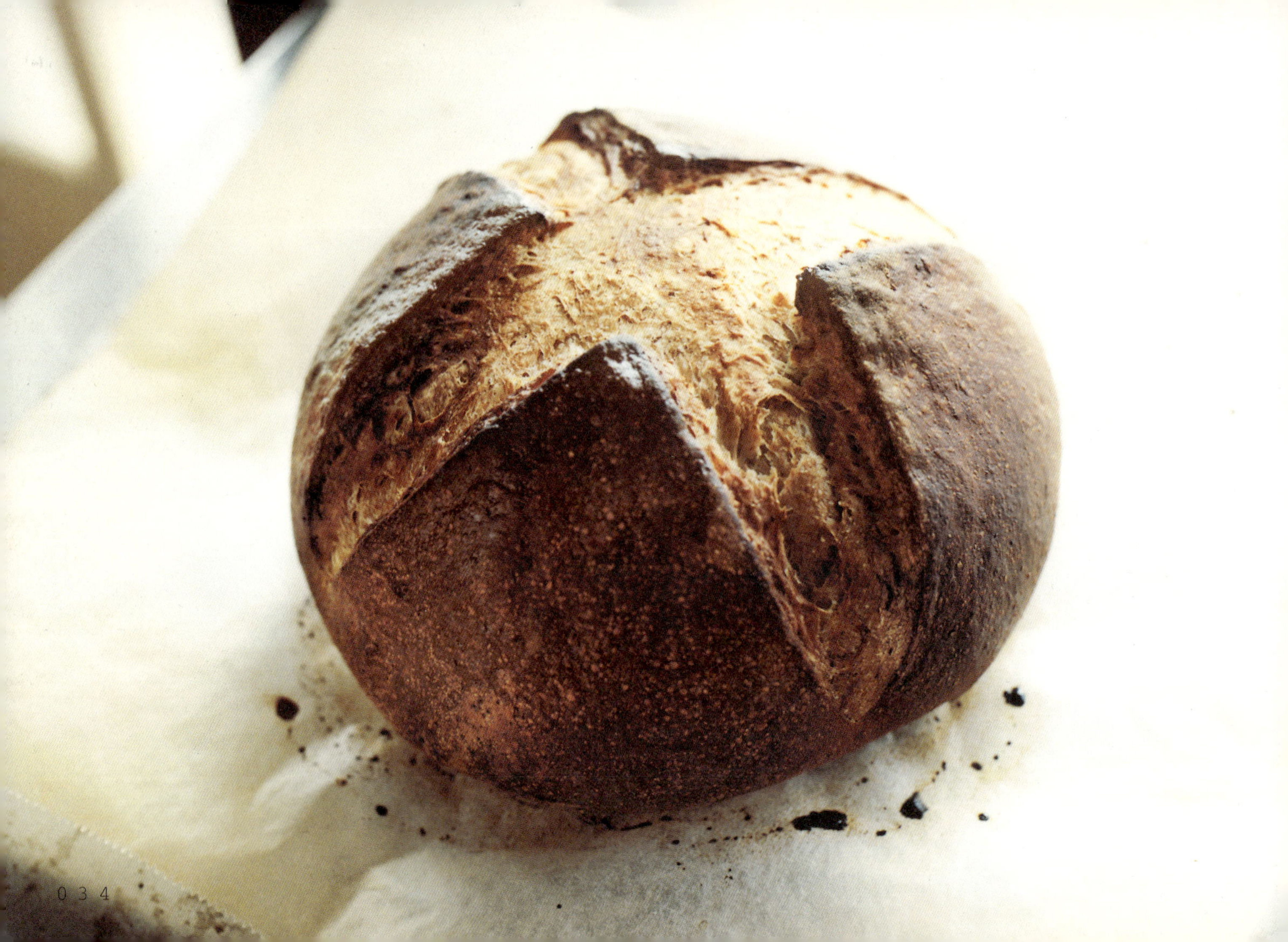

❖ クープばっちりの"イケパン"!
籠なしカンパーニュ

ブールの生地を使い、バヌトン（発酵に使う籠）なしで作れます。おいしくて日もちする"迫力カンパーニュ"です。

🗔 = なんでも

++
【材料】1コ分
地粉…200g　全粒地粉…50g　有機天然酵母…2g
ぬるま湯…165cc（要調節）
アガベシロップ（またはメープルシロップ）…5g　海塩…4g
++

【作り方】
❶ ブール（P.9〜）の作り方❶〜❹までと同様に生地を作り、こねる。
❷ 生地を1/3と2/3の量に分け、それぞれ丸めて、1つずつビニール袋に入れ、袋の口をグルグルとねじり、空気がもれないようにしっかり閉じる〈写真A〉。
冷蔵庫の野菜室に一晩おき、発酵させる。
❸ 冷蔵庫から2/3の生地を先に取り出し、約30分おく。

　コツ　2つの生地を取り出す時間に差をつけることで、外はパリッ、中はふわふわの食感を高度な技術なしに作れます。

❹ 30分経ったら、1/3の生地を冷蔵庫から取り出し、丸め直す。打ち粉（地粉・分量外）をしっかりして、めん棒で直径約20cmにのばす〈写真B〉。❸の2/3の生地も丸め直し、閉じ口を上にし、のばした生地の上におく。のばした生地で上においた生地を包んで〈写真C〉しっかり閉じ、閉じ口を下にしてクッキングシートの上におく。

　コツ　1/3の生地はのばしすぎないように。外側の生地を引っ張りながら包み、ギリギリで閉じるようにすると、表面をピンと張ることができ、生地がふんわりふくらみます。やわらかい生地ですが、冷蔵庫から取り出してすぐに打ち粉をするので、比較的簡単にのばせます。これにより外はパリッと固く、クープも開きやすくなります。一方、中の生地は打ち粉をせず、発酵を進ませているのでふんわりと仕上がります。外側の生地が固いため、水分が多くても発酵中に生地がダレません。バヌトンを使わずに、クープのばっちり開いたふわふわのカンパーニュが簡単にできるのです！

❺ 霧吹きで水を吹きかけ、ボウルをかぶせ、室内の暖かい場所で発酵させる。28℃で1時間を目安に、約1.5倍の大きさになるまで待つ。
❻ 生地の表面に、深さ約5mmのクープを十文字に入れ、そのまま2〜3分おいて、クープが開くまで待ち、表面にハケで豆乳（分量外）を塗る〈写真D〉（または水をたっぷり吹きかける）。220℃に天板ごと温めたオーブンに入れ、10分焼いたあと、180℃に下げ約25分焼く。

◎「クリスマスのカンパーニュ」
❷の工程で発酵させる前に、ボウルにレーズン80g、くるみ40g、レモンピール15g、シナモンパウダー4g、2/3の生地を入れ、均等になるように混ぜる。発酵させ、❸〜❻と同様に作る（具材をたくさん入れても、外側の生地で包んでしまうので、きれいに仕上がる）。

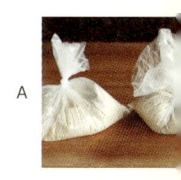

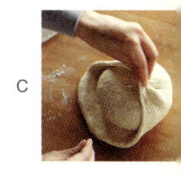

A
B
C
D

035

パンの友 (3)
ノンシュガーのフルーツジャム

無農薬のフルーツが手に入ったら、すかさずジャムを作りましょう!
デザートのようにおいしくできるので、
楽しい時間がずっとつづきます。
フルーツの香りや色を最大限に引き出すコツをご紹介します。

さわやかりんごジャム
すっきりとやさしい味。茶色くなりません

【材料】作りやすい分量
りんご…約400g(2コ)　水…りんごの50%　レモン果汁…りんごの約5%
アガベシロップ…りんごの約30%

【作り方】
1. りんごは丸ごと重さを量り、その50%の水と5%のレモン果汁を先に鍋に入れておく。
2. りんごを4つ割りにして皮をむき、約5mmのくし形にスライスし、切ったものからすぐに鍋に入れていく(素早く作業をすることが変色を防ぐポイント)。
3. 鍋を中火にかけ、沸騰したらアクを取って弱火にし、ふたをしてりんごがやわらかくなるまで約15分煮る。
4. りんごがやわらかくなったらふたを取り、へらでりんごをつぶし、アガベシロップを入れて一煮立ちさせる。
5. 熱いうちに密封できる保存ビンに入れる。冷蔵庫で約1カ月保存可。

◎最初からアガベシロップを加えるとりんごは固くなり、なかなかやわらかくならない。レモン水だけで先にりんごを煮るのがポイント。煮沸したビンを使うとさらにもつ。

まっ赤な いちごジャム

びっくりするほど
赤く仕上がります

【材料】作りやすい分量
いちご…約300g　アガベシロップ…いちごの40〜50%
レモン果汁…いちごの1〜2%

【作り方】
❶ いちごの重さを量って鍋に入れ、その40〜50%のアガベシロップとレモン果汁をかけ、しばらくおいて水分が出るのを待つ（冷凍いちごの場合は凍ったままアガベシロップとレモン果汁をかけ、とけるまで待つ）。
❷ 強めの中火にかけ、いちごをへらでたたきつぶすようにしながら5〜6分煮る。途中アクをしっかり取る。
❸ ジャムが熱いうちに密封できる保存ビンに入れ、ビンごと冷水で急冷する。冷蔵庫で約1カ月保存可。

◎甘味（アガベシロップ）と酸味（レモン果汁）はフルーツの味によって調節する。長時間煮るといちごの色が悪くなるので、タネの中のペクチンをへらでたたきつぶすようにして出すと、短時間でとろみがつく。急冷することも鮮やかな色を保つポイント。煮沸したビンを使うとさらにもつ。

甘酸っぱい レモンピール

香り高く、
酸味のきいたジャムです

【材料】作りやすい分量
レモン（中くらい）…2コ　アガベシロップ…70〜80g

【作り方】
❶ レモンは皮を少し厚めにむいてせん切りにし、果汁は器にすべて絞っておく。
❷ 小鍋にお湯（分量外）をわかし、皮をすべて入れ、約1分30秒ゆでたらザルにあける。これを3回くり返す。
❸ レモンの果汁（約70g）、アガベシロップとともに小鍋に入れ、水分がほんの少し残るくらいまで煮つめる。
❹ 熱いうちに密封できる保存ビンに入れる。冷蔵庫で約1年保存可。

◎果汁が足りないときは、ビン入りのオーガニックレモン果汁で調整するとおいしくできる。煮沸したビンを使うとさらにもつ。

パンの友 (4)
材料の話

「パンの友」のレシピに不可欠な秘密アイテムの紹介です。
バターや白砂糖を使わずに、コクや甘さを出し、
身体にやさしく、大満足のおいしさのバターやジャムが作れます。
パン作りがますます楽しくなりますね。

有機ショートニングと
有機ココナッツオイル

オーガニックのスプレッド作りには、この2つが欠かせません。有機ショートニングは有機栽培のアブラヤシ油100%、有機ココナッツオイルは無農薬栽培のココヤシ油100%でできています。どちらも新鮮なうちに化学的処理を一切せずに加工した、トランス脂肪酸（トランスファット＝一般的なマーガリンやショートニングに多く含まれ、摂取することによって悪玉コレステロールを増やし、さまざまな病気を引き起こしやすくする）を含まない植物性油です。かくはんすると空気を含み、冷やすと固まるので、バターやマーガリンの代用にできます。ダーボン社の「オーガニック・トランスファットフリー・ショートニング」は有機JAS認定品。「ショートニング」という名前がついていますが、一般的に販売されているショートニングとはまったく別物です。

[オーガニック・ショートニングの問い合わせ先]
ダーボン・オーガニック・ジャパン
http://www.daabonorganic.com/　電話：03-5719-2733

有機アガベシロップ

ジャム作りに欠かせないアイテムです。メープルシロップで作ると色がくすみ、味もメープル味になってしまいます。有機アガベシロップは、有機栽培されたリュウゼツランの球茎から採取され、栄養素をそのままに、薬剤を一切使わず加工された天然甘味料です。テキーラの原料としても知られ、砂糖の1.5倍の甘味をもちながらも、血糖上昇がおだやかな低GI食品として、注目されています。GI値（グリセミック指数。炭水化物が消化され、糖に変化し、血液に吸収される速度を数値化したもの）はメープルシロップや米あめよりもさらに低く、白砂糖の1/3以下。クセがないので砂糖の代わりにあらゆる料理や飲み物に使えます。また、食品の水分を保つ効果もあるので、パンに入れると時間が経ってもやわらかさがつづきます。フルーツなどの香りを引き出すフレーバー効果や、浸透圧（水分を引き出す効果）も高いため、ジャム作りにも最適です。

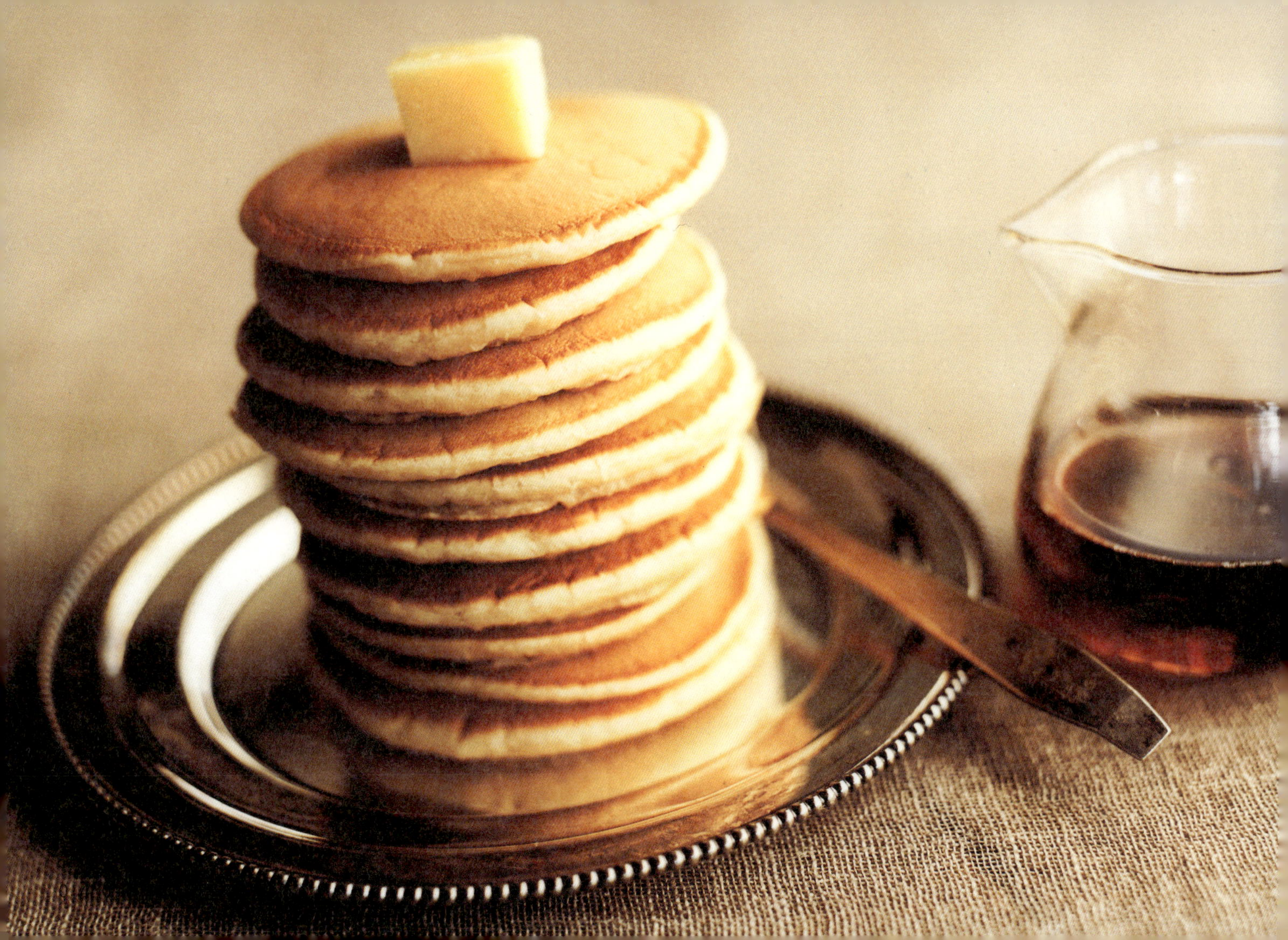

❖ 薄く小さめに焼くのがコツ
みんなのドロップケーキ

🍯 ＝ さつまいもバター、ナッツバター、ひよこ豆ペースト、ジャム類

コインパンケーキ、ドロップスコーンなどとも呼ばれる、ふっくらもちもちのパンケーキ。
甘さ控えめの食事用パンケーキですが、さつまいもバターやアガベシロップをつけて食べるとスイーツにも。

＋＋＋＋＋＋＋＋＋＋＋＋＋＋＋＋＋＋＋＋＋＋＋＋＋＋＋＋＋
【 材料 】直径5cmで25枚くらい
地粉…200g　ベーキングパウダー（ノンアルミニウム）…6g
海塩…1g
ⓐ｛豆乳…250〜300g　アガベシロップ（なければメープルシロップ）…60g　なたね油…20g（大さじ1と1/2）｝
＋＋＋＋＋＋＋＋＋＋＋＋＋＋＋＋＋＋＋＋＋＋＋＋＋＋＋＋＋

A　B　C

【 作り方 】
❶ 地粉、ベーキングパウダー、海塩をボールに入れ、泡立て器で粉がふわっとするまでかき混ぜ、まん中をくぼませる。ⓐを加え〈写真A〉、泡立て器を使って中心から外側へ、ツヤが出るまでしっかりかき混ぜる〈写真B〉。

　コツ　ⓐの材料はよく冷やしておくこと。温かいとベーキングパウダーが反応してしまい、生地を寝かせることができません。

❷ 生地を冷蔵庫に入れ、約20分おく。

　コツ　生地を寝かせることで、グルテンの硬直が取れ、粉の芯まで水分が入り、ふんわりやわらかくしっとりとしたパンケーキになります。

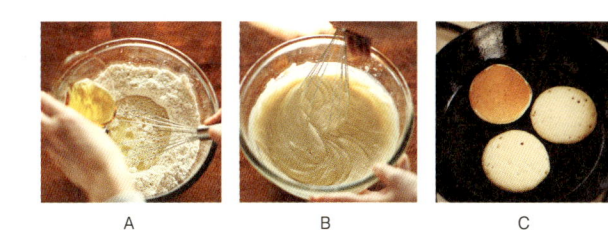

❸ フライパンになたね油（分量外）を熱し、スプーンで生地を直径約5cmの円形に落とし、弱めの中火で焼く。プツプツと泡ができたら引っくり返し、裏も焼く〈写真C〉。

◎オリーブ油、海塩、バルサミコをそれぞれ小皿に入れ、つけながら食べるのもおいしい。

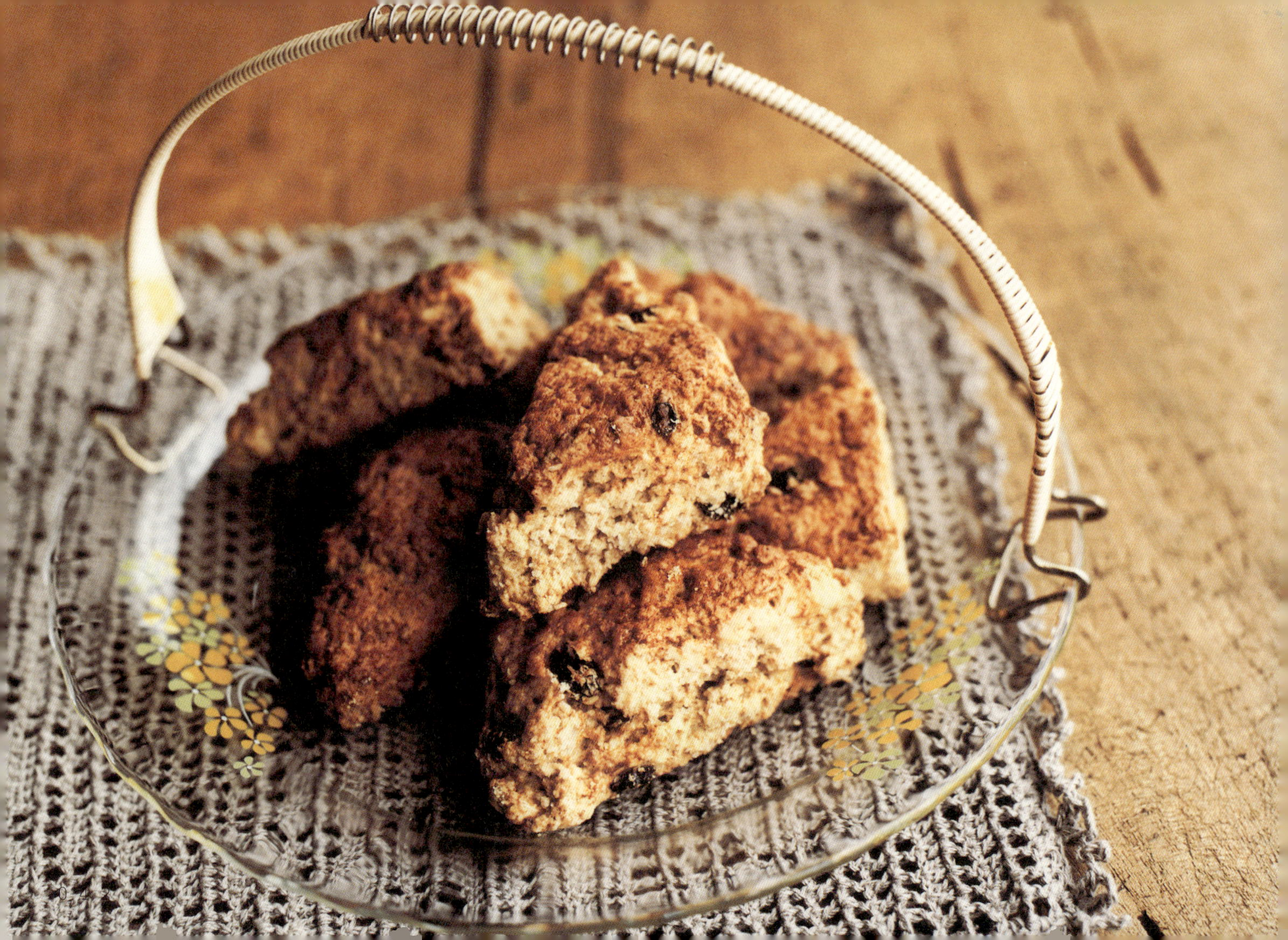

❖ 休日の朝に作りたくなる定番レシピ
ざくざくスコーン

🥫 = ナッツバター、チョコスプレッド

卵やバターを使わずに、ざくざく、ホロホロッとした食感が味わえます。
スコーンを焼いている間にスープを作り、冷蔵庫からナッツバターを取り出せば、家族がよろこぶ休日の朝ごはんのでき上がり。

++

【 材料 】8コ分
オートミール…50g
ⓐ｛地粉…150g　全粒地粉…50g　ベーキングパウダー（ノンアルミニウム）…7g　シナモンパウダー…2g　海塩…2g｝
ⓑ｛なたね油（湯洗い）…60g　豆乳…85g（要調節）　アガベシロップ（なければメープルシロップ）…30g　レーズン（なくてもよい）…50g｝

++

【 作り方 】
❶ オートミールをボウルに入れ、手で握りつぶすようにして細かく砕き〈写真A〉、ⓐの材料をすべて加え、泡立て器を使ってふわっとするまでかき混ぜる。ⓑの材料も加え、へらですばやくサックリと混ぜ、ひとまとめにする。

　　コツ　オートミールを手でしっかり砕くことでホロホロッとした食感が生まれます。

❷ 生地にラップをして約5分おく。

　　コツ　水まわしは素早く、なるべくこねないように。ベタベタした生地は、5分おくと吸水してまとまってきます。

❸ クッキングシートの上に生地をおき、手のひらで厚さ約2cmにのばして、スケッパーで8等分し、それぞれを少しはなす〈写真B〉。
❹ 生地の表面に豆乳（分量外）をハケで塗り、200℃に温めたオーブンで約15分焼く。

◎ざくざくスコーン×チョコスプレッド、これは禁断の組み合わせ。レーズンの代わりにくるみ30gを入れたり、レモンピール15gを入れると、シナモンパウダーなしで全粒地粉のにおいが消える。どの組み合わせもチョコスプレッドとの相性は最高！　食べすぎに注意。

A　　　　　B

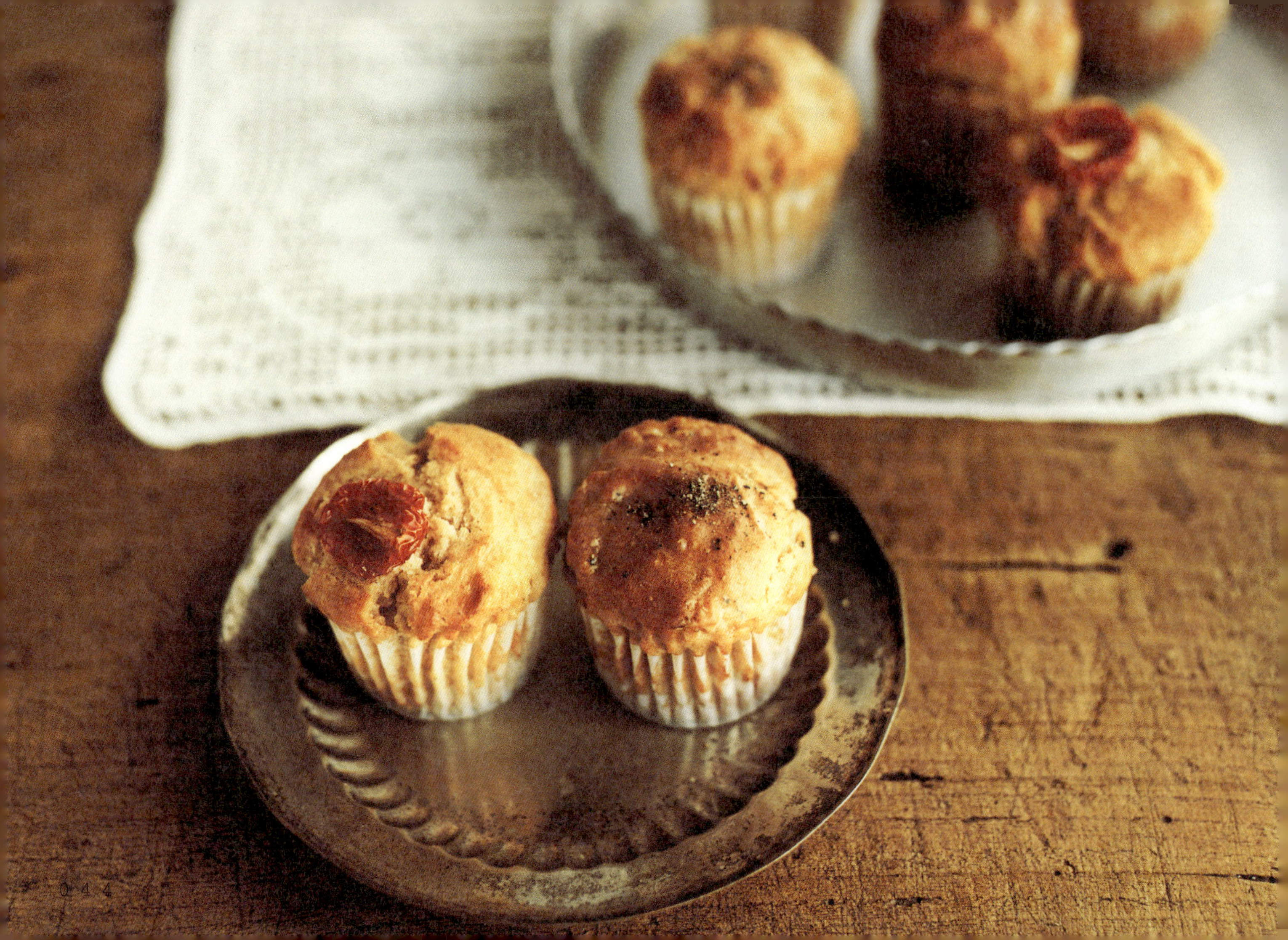

❖ 地粉で作れば卵、バターなしでとびきりおいしい！
食事用の塩マフィン

炒めたまねぎ入りとドライトマト入り、どちらを作ろうか迷います。
素敵女子は、生地を半分に分けて
2種のマフィンをいっぺんに楽しみましょう！

++
【 材料 】マフィンカップ6コ分
ⓐ｛地粉…125g　全粒地粉…25g　ベーキングパウダー（ノンアルミニウム）…6g　海塩…2g　黒こしょう…適量｝
ⓑ｛豆乳…100g（要調節）　なたね油（湯洗い・ドライトマトを使うときはトマトを漬けたオイル）…50g　アガベシロップ…15g｝
りんごジュース…30g　中に入れる具：たまねぎ炒めストック（P.67）…80g
またはドライトマト（P.47）…18コ
++

A　　　B

【 作り方 】
❶ ⓐの材料をすべてボウルに入れ、泡立て器で粉がふわっとするまでかき混ぜ、まん中をくぼませる。ⓑの材料を加え、泡立て器を使って中心から外側へ、ツヤが出るまでしっかりかき混ぜる。

　コツ　ⓑの材料はよく冷やしておく。温かいとベーキングパウダーが反応してしまい、生地を寝かせることができません。

❷ 生地を冷蔵庫に入れ、約20分おく。

❸ 生地にりんごジュースを入れ〈写真A〉、へらで混ぜ、マフィンカップに入れる。具と生地を交互に入れる〈写真Bは、たまねぎ炒めストック入りとドライトマト入りを3コずつ作った例〉。

　コツ　りんごジュースを入れたらすぐに焼きましょう。りんごジュースの酸がベーキングパウダーと反応し、ふんわりとした生地になります。すぐに焼かないとふくらみが悪くなるので注意してください。りんごジュースは、オーガニックか国産のストレートを。濃縮還元を使うと、香料が残って不思議な味になり、酸度も足りないのでふんわりと仕上がりません。

❹ 175℃に温めたオーブンで約25分焼く。竹ぐしを刺して何もつかなかったら焼き上がり。あら熱が取れたら、型から外す。

◎生地に白みそ粉チーズを混ぜると、さらにおいしくなる。

パンの友 (5)
保存食レシピ

薄切りパンをカリカリに焼き、冷えたドライトマトを
のせて食べると最高です。漬けたオイルもゆで野菜に和えたり、
スープやパスタに入れてもおいしい。
ピクルスは口直しにもちょうどよく、食卓に欠かせません。

和ピクルス
米酢やうす口しょうゆで作るほっとする味

【材料】作りやすい分量
お好みの野菜(きゅうり、大根、にんじん、たまねぎなど好きな組み合わせで)…約300g
海塩…野菜の量の2%　にんにく…1かけ
〈調味液〉
純米酢…150g　水…150g　アガベシロップ(なければメープルシロップ)…25g
うす口しょうゆ(なければしょうゆ)…15g(大さじ1)　海塩…3g(小さじ1)
鷹のつめ…1本(または黒こしょう4〜5粒)　ローリエ…1枚

【作り方】
❶ お好みの野菜に2%の海塩をふって約30分おき、水出しする。
❷ にんにくの皮をむいてナイフで1カ所切りこみを入れ鍋に入れ、調味液の材料を加えて中火にかけ、沸騰したら弱火で約5分煮る。
❸ ❶の水を切り、密封できる保存ビンにキッチリつめ、冷ました調味液を注ぐ(歯ごたえを残したい野菜は冷ました調味液、やわらかくしたい根菜などの野菜には熱い調味液を注ぐ)。野菜が調味液に完全に漬かるようにすること。冷蔵庫で約2カ月保存可。2日後くらいから食べられ、1週間後くらいが食べごろ。

◎煮沸したビンを使うとさらにもつ。残ったピクルス液はこして、アクを取り除きながら約5分沸騰させれば、新しい調味液と合わせて再利用できる。また、なたね油やオリーブ油と合わせてドレッシングにすると美味。地粉のパンにもよく合う。野菜一品だけでも十分おいしく、たまねぎだけのピクルスもおすすめ。

セミドライトマトのオイル漬け

トマトもオイルも楽しめます

【 材料 】作りやすい分量
ミニトマト…2パック（300g）　海塩…トマトの2％　にんにく…1かけ
鷹のつめ…1本　なたね油（湯洗い）とオリーブ油を2対1で合わせたもの…適量　ローリエ…1枚

【 作り方 】
❶ ミニトマトは半分に切り〈写真A〉、切り口に海塩をふって30分おく〈写真B〉。
❷ キッチンペーパーで❶から出た水分を取り〈写真C〉、150℃に温めたオーブンで約30分焼き、取り出してそのまま冷ます〈写真D〉。
❸ 完全に冷めたら、再度140℃に温めたオーブンで約30分焼く。
❹ にんにくは皮をむきナイフで1カ所切りこみを入れ、鷹のつめは縦に2つ割りにして種を取り除く。にんにく、鷹のつめ、トマト、ローリエを保存ビンに入れ、トマトがしっかりかぶるくらいのなたね油とオリーブ油を入れて漬けこむ。翌日から食べられ、冷蔵庫で約1カ月保存可。

◎煮沸したビンを使うとさらにもつ。なたね油とオリーブ油を2対1くらいの割合で合わせて使うとクセがなく、冷蔵庫に入れても白く固まらない。

A　B　C　D

❖ サワー種なしでできる本格ライ麦パン
ライ麦フルーツパンとライ麦プチパン

🔲 = ナッツバター、クリームチーズ

豆乳ヨーグルトを水切りした際に出る水分（乳清）を使って作ります。
水切りしたヨーグルトはクリームチーズにしてライ麦パンに塗りましょう。

ライ麦フルーツパン

＋＋＋＋＋＋＋＋＋＋＋＋＋＋＋＋＋＋＋＋＋＋＋＋＋＋＋＋＋＋

【材料】大1コ分
地粉…130g　有機ライ麦粉…120g　有機天然酵母…2g
乳清（豆乳ヨーグルトを水きりした際に出る水分・P.53）
…145g（要調節）
海塩…5g　レーズン…125g

＋＋＋＋＋＋＋＋＋＋＋＋＋＋＋＋＋＋＋＋＋＋＋＋＋＋＋＋＋＋

【作り方】

① 地粉、ライ麦粉、酵母をボウルに入れて、粉がふわっとするまで1～2分手でよくかき混ぜ、まん中をくぼませる。

② ①に約28℃に温めた乳清を一度に入れ、大きめのスプーンですばやくかき混ぜて均等にする（乳清の温度は、夏場は下げ、冬場は上げる）。

③ 生地をビニール袋に入れ、室温で約40分おき、吸水させる。

④ 生地を袋から取り出し、海塩を指先ですりつぶすようにして高い位置からパラパラと生地に落とす。ひとまとめにするような気持ちで1～2分こねる。

⑤ 生地をビニール袋に入れ、空気をぬき、風船を縛るように袋の口をグルグルとねじり、しっかり閉じる（袋の中の空気をしっかりぬくことがポイント）。ボウルに入れ、冷蔵庫の野菜室に一晩おき、発酵させる。翌日、袋がパンパンにふくらんでいたら発酵終了。

⑥ 冷蔵庫から生地を取り出し、丸め直す。生地を1/3と2/3の量に分け、2/3の生地にレーズンを混ぜる。1/3の生地に打ち粉（地粉・分量外）をして楕円形にのばし、2/3の生地をドッグ形にしてのせ〈写真A〉、包んで閉じる。閉じ口を下にしておいてから形を整える。

⑦ クッキングシートに生地をのせ、霧吹きで水をたっぷり吹きかけ、ボウルをかぶせ、室内の暖かい場所で、約1.5倍の大きさになるまで（28℃で60分を目安に時間を調節する）待つ（最終発酵）。

⑧ 茶こしを使って生地の表面にライ麦粉（分量外）をふり、よく切れるナイフで深さ約2mmの切りこみをまっすぐに数本入れ〈写真B〉、高い位置から霧吹きで水を吹きかける。

⑨ 220℃に温めたオーブンに入れ、10分焼いたあと、温度を180℃に下げて約25分焼く。

A　B

ライ麦プチパン

+ +
【材料】8コ分
地粉…210g　有機ライ麦粉…40g　有機天然酵母…2g
海塩…5g　乳清…150g（要調節）
+ +

【作り方】

❶ ライ麦フルーツパンの作り方（P.48）❶〜❹までと同様にして生地を作り、生地をビニール袋に入れ、空気をぬいてから、風船を縛るように袋の口をグルグルとねじり、しっかり閉じる。ボウルに入れて、冷蔵庫の野菜室に一晩おき、発酵させる。

❷ 冷蔵庫から生地を取り出し、丸め直す。その生地を8分割し、それぞれ丸め直す。

❸ ライ麦フルーツパンの作り方（P.48）❼❽と同様にして最終発酵終了後、クープを入れ〈写真C〉、高い位置から霧吹きで水を吹きかける。

❹ 210℃に温めたオーブンに入れ、約15分焼く。

❖ いちばん簡単に作れるヘルシーパン　　　　　= タラモサラタ

全粒地粉の平焼きパン

外はカリッと香ばしく、中はふわっとしてスープやカレーによく合います。
たっぷり野菜や豆乳ヨーグルトと一緒に食べてもおいしい。

++

【材料】6枚分
全粒地粉…250g　有機天然酵母…2g　ぬるま湯…155cc（要調節）　海塩…4g

++

【作り方】
❶ 全粒地粉と酵母をボウルに入れ、大きめのスプーンでサッと混ぜ、まん中をくぼませる。ぬるま湯を一度に入れて、そのままスプーンでひとまとめにする。
❷ 海塩をボウルに入れ、手で約1分こね、ひとまとめにする。
❸ 生地をスケッパーで6分割し、それぞれ丸め、1つずつラップをしてから〈写真A〉、ビニール袋（またはふたつきタッパー）に入れて、冷蔵庫の野菜室に一晩おき、発酵させる。
❹ 生地に打ち粉（全粒地粉・分量外）をして、平たくのばしてから、めん棒（または手）で厚さ約2mmにうすくのばす。
❺ フライパンになたね油（またはオリーブ油・分量外）を熱し、生地を入れる。プーッと気泡ができたら引っくり返し、反対側もこんがりするまで焼く〈写真B〉。

　コツ　生地をのばすときに亀裂が入らないようにきれいにのばすと、焼いたときに気泡が入り、ふんわり仕上がります。冷たい生地を強火で一気に焼き上げるのがコツで、火力が弱すぎると気泡が入りません。鉄のフライパンを使うと断然おいしく焼き上がります！

❖ ふわふわもちもちのジャパニーズナン　🟫＝ナッツバター

豆乳ヨーグルトのナン（夏用レシピ）

夏にしかうまく作れないレシピです。「冬はどうしたらいいですか？」
なんて人は、ライ麦パンや花巻を楽しみましょう。

++

【材料】6枚分
豆乳ヨーグルト(P.52)…100g　水…85cc（要調節）　地粉…150g　全粒地粉…100g
有機天然酵母…2g　海塩…3g

++

【作り方】
❶ 豆乳ヨーグルトと水を混ぜ、室温に戻す。
❷ ピタパン(P.29)の作り方❶〜❺までと同様にして生地を作る。水まわしのとき、❶を使い、なたね油を加えずに作る。
❸ 冷蔵庫から生地を取り出し、丸め直す。その生地をスケッパーで6分割し、それぞれ丸め直す。生地の表面になたね油少々（分量外）を塗り、バットに並べる〈写真A〉。
❹ バットごとビニール袋に戻し、冷蔵庫に入れて約1時間おく（生地は半日で使いきる）。
❺ 生地を1つずつ冷蔵庫から取り出し、手で平たくのばし、左右の手に打ちつけるようにしてうすくのばし、1カ所を引っぱってナンの形にする〈写真B〉。フライパンになたね油（分量外）を熱し、生地を貼りつけるようにして、中火で焼く。ブクブクとふくらんできたら引っくり返し、裏側も焼く〈写真C〉。

◎ギーの代わりにナッツバターを塗り、オクラ、なす、ズッキーニなどの夏野菜を焼いて添え、カレーにつけながら食べると最高。

A　B　C

051

パンの友 (6)
豆乳ヨーグルト

みそ、しょうゆ、ぬか漬けなど、
植物性発酵食品を食べてきた日本人にぴったりのヨーグルト。
水切りすれば豆乳の「フロマージュブラン」になり、
水切りのときに出る水分「乳清」はパン生地にも利用できます。

豆乳ヨーグルト
植物性乳酸菌と豆乳で作るヨーグルトです

【材料】1ℓ分
有機豆乳(固形分9%以上)…1ℓ
ブルマンヨーグルト種菌(植物性乳酸菌)…1袋

【作り方】
有機豆乳に植物性乳酸菌を入れ、専用のウォーマーで包み〈写真A〉、約40℃で6～8時間保温する。冷蔵庫で4～5日保存可。

A

◆ ブルマンヨーグルト種菌

100%植物性乳酸菌。一般のヨーグルトで使われている「動物性乳酸菌」は、発酵温度が低く、酸にも弱いため、体内にとり入れても菌が死滅して、その効果をほとんど得ることができません。一方、ブルマンヨーグルト種菌は、発酵温度が38～45℃と高く、酸に強いのが特徴です。体内に入ることによりさらに活発に活動し、胃酸の中を通っても、生きて腸まで届きます。豆乳に加えると、とてもおいしいヨーグルトができます。

[ブルマンヨーグルト種菌とウォーマーの問い合わせ先]
青山食品サービス
http://www.aoyamafoods.co.jp/　電話：0595-52-1369

フロマージュブラン

そのままでも
おいしいデザートに

【材料】
豆乳ヨーグルト…好きなだけ

【作り方】
① 豆乳ヨーグルトを、コーヒーフィルターに入れ、一晩水切りする。
② 水切り時に出る水分「乳清」の重さを量り、元のヨーグルトの半分の重さになったら完成。固くしたい場合は水切り時間を長く、やわらかくしたい場合は短くする。冷蔵庫で約2日保存可。

◎「乳清」は植物性乳酸菌のかたまりなので、りんごジュースや野菜ジュースに入れて飲んだり、ライ麦パンをこねるとき、水の代わりに使う。
◎ナッツやドライフルーツを添え、メープルシロップをかけるとデザートに。

パイナップルクリームチーズ

甘酸っぱい香りが
クリームチーズにぴったり

【材料】4～5人分
ドライパイナップル…適量（お好み）
フロマージュブラン（固め・P.53）…150g　なたね油（湯洗い）…24g
アガベシロップ　（なければメープルシロップ）…10g　海塩…2g

【作り方】
① ドライパイナップルを細かくきざんでおく。
② フロマージュブランを泡立て器でよく混ぜて、なめらかにし、なたね油を少しずつ入れて乳化させ、アガベシロップ、海塩、ドライパイナップルの順に加えてよくまぜる。
③ ②を冷蔵庫で30分以上おく。ドライパイナップルが水分を吸収し、クリームチーズがしっかり固くなったらでき上がり。冷蔵庫で約3日保存可。

◎ライ麦パンやベーグルによく合う。

パンの友 (6)　豆乳ヨーグルト

モチレラチーズ
加熱するとトロリとろける豆乳チーズ

【材料】市販のスライスチーズ約5枚分
切り餅…50g（1枚）　にんにく…1/2かけ　フロマージュブラン(P.53)…180g
なたね油…大さじ1と1/2　オリーブ油…大さじ1　豆乳…大さじ2と1/2～適量
アガベシロップ…小さじ1と1/2（またはメープルシロップ小さじ2）
海塩…小さじ1/2　仕上げ用：海塩、白こしょう…適量

【作り方】
❶ 切り餅は細かくカットし、にんにくはすりおろす。フロマージュブランは泡立て器でかき混ぜてなめらかにしておく。
❷ 鍋になたね油とオリーブ油、にんにくを入れ、ごく弱火にかける〈写真A〉（にんにく臭さがなくなり、うまみだけが残る）。にんにくから水分がでて、鍋の中の油の量が約2倍になったら〈写真B〉、火を止め、1度に餅を入れる。

A

B

❸ 木べらで餅をかき混ぜ、とけてきたら、少しずつ豆乳を入れ、乳化させていく〈写真C〉。ダマがなく、つるんとひとかたまりになったら成功〈状態はここで決まる〉〈写真D〉。うまくいかなければ弱火で加熱し、豆乳で固さを調節する。

❺ バットにラップをひき、その上に流しながらうすくのばし〈写真G〉、表面にもラップを貼りつけるようにして〈写真H〉、冷蔵庫で冷やし固める。冷凍保存で約2カ月保存可。しっかり密閉して乾燥を防ぐ。

◎トースト、ピザ、グラタン、スープなど、あらゆる料理に使える。

❹ アガベシロップ、塩を少しずつ加え、フロマージュブランを加えて〈写真E〉なめらかになったら、塩、白こしょうで味をしっかり決める〈写真F〉。

スープ作りをはじめる前に

■ **塩の量**＝塩はメーカーによって塩分濃度が違います。本書では「海の精」を使用しています。ほかのメーカーのものを使う場合は、味をみて使用量を調節してください。塩はすべての"味の素"。旨味や甘味、ミネラルを多く含んだ、天日・平釜法の海塩を使いましょう。

■ **野菜の選び方**＝できる限り無農薬、無化学肥料のものを使いましょう。なるべく地元の生産者のものを選び、手に入らない場合は減農薬野菜などを使うようにし、それも手に入らない場合は、がっかりせずに（重要です）、野菜をよく洗って皮をむいて使いましょう。

■ **なたね油の使い分け**＝ルウなど、なたね油を多く使用するレシピのときは、圧搾しぼりの湯洗いしたなたね油（なたねサラダ油）を使います。圧搾しぼりの黄色いなたね油を使うとクセが強く、油っぽい仕上がりになりますのでご注意ください。

■ **スープの素の保存方法**＝スープの素は、冷蔵庫で寝かせると旨味（天然のアミノ酸）が増えておいしくなります。なるべく冷蔵庫の奥に入れ、長もちさせたいときはチルドルームに入れてください。冷凍する場合は、冷蔵庫で何日か寝かせて熟成させてから冷凍庫へ移しましょう。

■ **臨機応変のすすめ**＝レシピの材料にとらわれず、手持ちの野菜で作るのが畑のスープの醍醐味。「白菜だけのきのこスープ」や、「にんじんだけのみそスープ」なんていうのもOK。無理に野菜をそろえるより、手に入る最良のもの（安全なもの）を使い、状況に合わせて臨機応変に作りましょう！

野菜だけで作るこっくり
畑のスープ

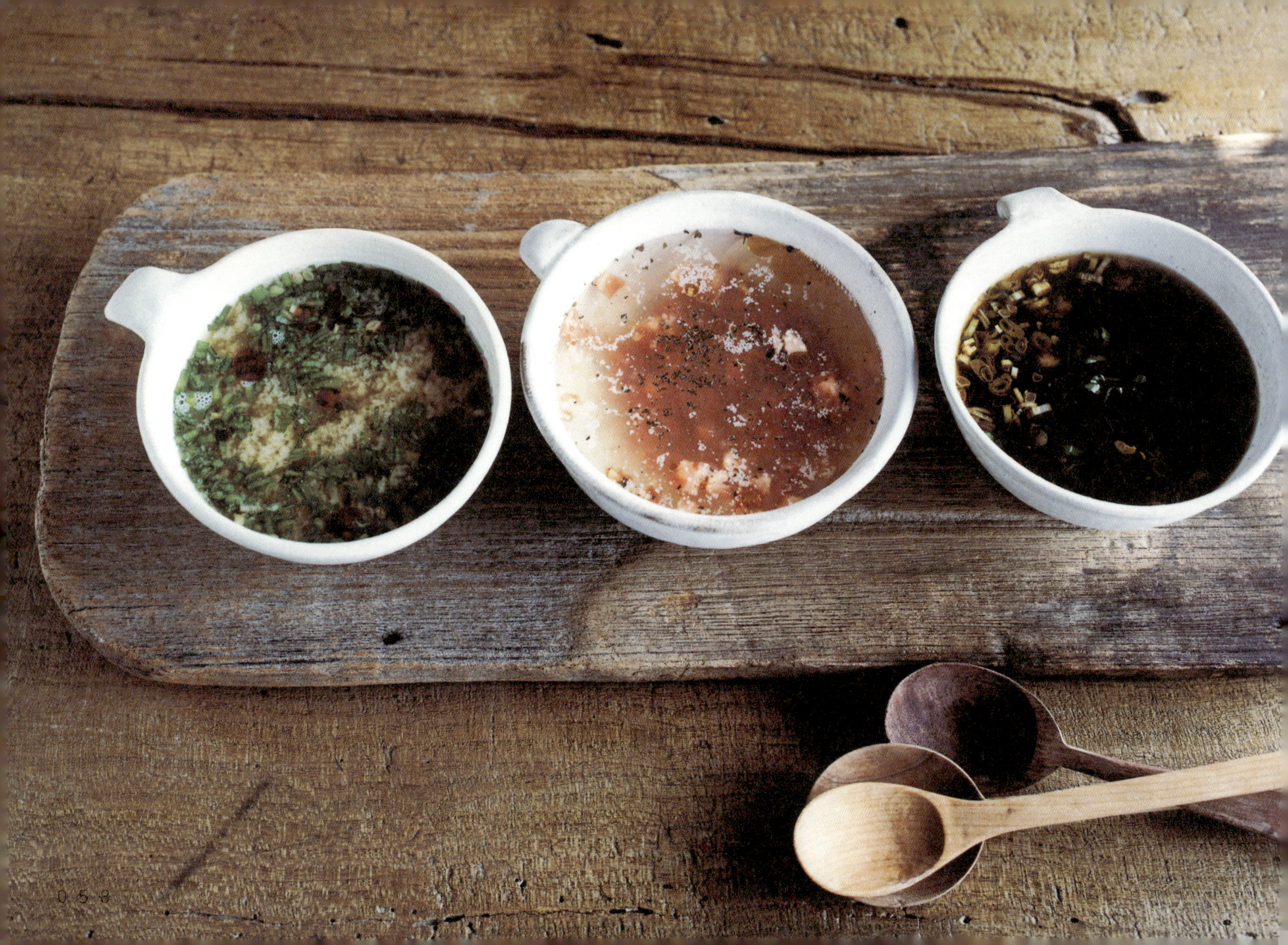

❖ お湯を注ぐだけの即席スープ
お湯かけスープ3品

具材に塩やしょうゆ、みそなどの塩分をからめ、
水分が出てきたら熱湯をかけてでき上がり。
時間がないときにすぐできるスープです。

A　B

にらのみそスープ（写真左）

🥖 = マントウ、花巻、平焼きパン

++++++++++++++++++++++++++

【材料】1人分
にら…約25g（2本）
玄米みそ…小さじ2
ピーナッツペースト（またはタヒニ）…小さじ1
こしょう…少々　熱湯…200cc

++++++++++++++++++++++++++

【作り方】
ごく細かいみじん切りにしたにら、玄米みそ、ピーナッツペースト、こしょうを器に入れ、混ぜる。水分が出てきたら、熱湯を注ぐ。

◎お好みでラー油をたらす。

みじん切りトマトの塩スープ（写真中央）

🥖 = オリーブの実のパン、ピザ

++++++++++++++++++++++++++

【材料】1人分
トマト…1/4コ
海塩…2g　こしょう…少々
ドライバジル…少々　熱湯…200cc
オリーブ油…小さじ1

++++++++++++++++++++++++++

【作り方】
みじん切りにしたトマトと海塩、こしょう、ドライバジルを器に入れ、混ぜる〈写真A〉。水分が出てきたら、熱湯を注ぎ〈写真B〉、オリーブ油をたらす。

◎ 白みそ粉チーズがよく合う。

とろろ昆布のしょうゆスープ（写真右）

🥖 = 平焼きピタ、マントウ

++++++++++++++++++++++++++

【材料】1人分
青ねぎ…少々
しょうゆ…小さじ1と1/2
熱湯…200cc
とろろ昆布（無添加、砂糖不使用）…適量

++++++++++++++++++++++++++

【作り方】
みじん切りにした青ねぎとしょうゆを器に入れ、混ぜる。水分が出てきたら、熱湯を注ぎ、最後にとろろ昆布を入れる。

コツ とろろ昆布を先に入れると食感が悪くなります。

059

昆布水

昆布を水につけるだけ！
無駄なく使える日本の定番だし

寝る前に仕込めば翌朝から使え、
簡単に栄養と旨味がたっぷりつまった
おいしい昆布だしスープが作れます。
みそ汁、煮物、おかず作りにも大活躍のおだしです。

つけておくだけでできる純植物性スープの素。クセがないので、和食はもちろん、どんな料理にも使える万能だしです。昆布は食品の中でもトップクラスのアルカリ性。身体を健康体である弱アルカリ性に保つのに最適です。さらに海のミネラルが豊富に含まれ、食物繊維もたっぷり。カルシウムはなんと牛乳の6倍といわれています。グルタミン酸を含む食品の代表格でもあり、これが旨味の決め手となります。昆布の表面についている白い粉は旨味と甘味成分ですので、使う前は軽く汚れをふき取る程度にし、洗わないようにしましょう。だしを取ったあとの昆布も、水にとけない栄養素や食物繊維がいっぱいです。きざんで佃煮にしたり、ぬか床に入れたり、無駄なく使いましょう。

＋＋＋＋＋＋＋＋＋＋＋＋＋＋＋＋＋＋＋＋＋＋＋＋＋＋＋＋
【 材料 】
真昆布（または利尻昆布）…20g　水…1ℓ
＋＋＋＋＋＋＋＋＋＋＋＋＋＋＋＋＋＋＋＋＋＋＋＋＋＋＋＋

【 作り方 】
昆布を保存できるビンに入れ、水を注ぐ。冷蔵庫に入れ、一晩以上おく。冷蔵庫で3～4日保存可。

◆ 真昆布

北海道道南地区を中心に採れる、昆布の最高級品。褐色で肉が厚く幅が広い。
上品で透き通った甘味のあるだしが取れる。かめばかむほど甘味の出てくる昆布。だし昆布のほかに塩昆布、おぼろ昆布、〆昆布などに使われる。
よく乾燥していて肉厚の、色のいいものを選びましょう。

◆ 利尻昆布

利尻・礼文島・稚内沿岸を中心に採れる、真昆布に次ぐ高級品。黒褐色で真昆布よりも幅が狭い。
澄んでいて、香りの高い上品なだしが取れる。真昆布よりもやや塩味があり、礼文島産のものがいちばん香り高いとされている。
よく乾燥していて肉厚の、色のいいものを選びましょう。

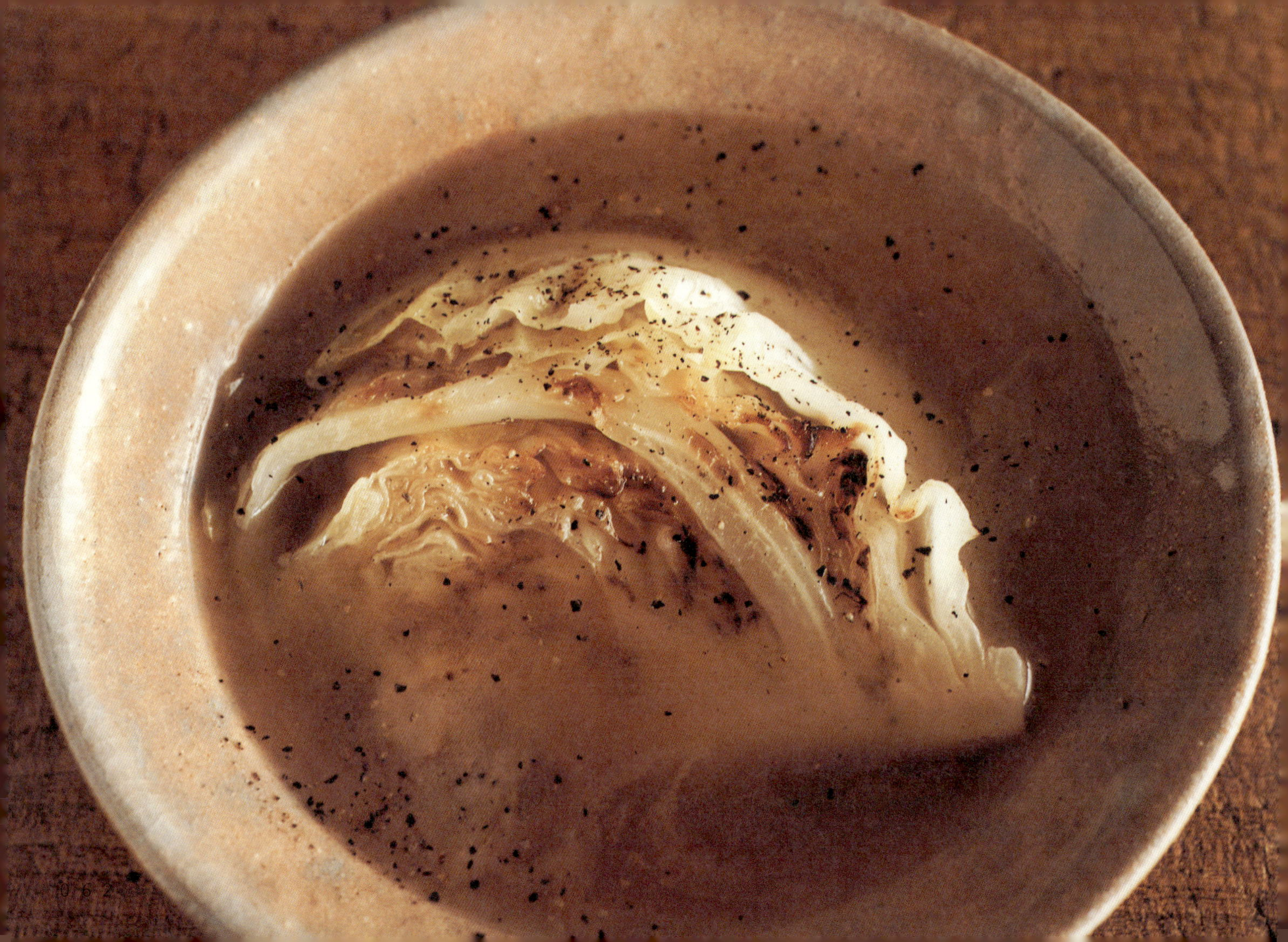

❖ 旨味と甘味が味わえる濃厚スープ
焼きキャベツのスープ

「シンプルな材料なのに、この味わい深さは何?!」
と驚くこと間違いなしの究極旨味スープ。キャベツを焼くことで
さらに甘味と風味をプラス。白みそ粉チーズも合います。

🍞 = ブール、丸パン、平焼きパン

++
【 材料 】4人分
昆布水(P.61)…1ℓ　キャベツ…1/2コ
なたね油…大さじ1と1/2　海塩…小さじ2
++

【 作り方 】
❶ 昆布水は使うまで冷蔵庫に入れておく。キャベツはバラバラにならないよ
う芯を残して、4つにカットする。フライパンになたね油を熱し、キャベ
ツを入れ、中火で両面をじっくりと焼く〈写真A〉。
❷ 冷たい昆布水を注ぎ、海塩を入れて〈写真B〉ふたをし、ごく弱火にかけ、
沸騰したら約30分煮る。
❸ キャベツがしんなりとしたら、味をみて海塩、黒こしょう（適宜・分量外）
で調える。

　コツ　キャベツはじっくり焼く、冷たい昆布水を使う、塩小さじ2は
煮る前に入れる、ごくごく弱火で煮る。これがシンプルな材料で濃いスー
プを作るコツです。

A

B

❖ 豆の甘味とトマトの酸味がよく合う

レンズ豆とトマトのスープ

レンズ豆はさっと洗うだけで使え、すぐに火が通ります。タバ酢コを加えてもおいしい。

= 直焼きマフィン、平焼きピタ

++++++++++++++++++++++++++++++++++++

【材料】4〜5人分
トマトの水煮(缶)…1缶(400g)　赤レンズ豆(乾燥)…100g
たまねぎ…2コ　昆布水(P.61)…800cc
なたね油…大さじ1と1/2　海塩…小さじ1と1/2

++++++++++++++++++++++++++++++++++++

【作り方】
① トマトの水煮をボウルにあけ、手でよくつぶす。たまねぎはみじん切りにする。赤レンズ豆〈写真A〉はボウルに入れ、白くにごらなくなるまで3〜4回水を替えて洗う。
② 鍋になたね油を熱し、たまねぎを中火で炒め、しんなりしたら、すべての材料を鍋に加え、ごく弱火にかける。沸騰したら約10分煮こみ、味をみて海塩、こしょう（適宜・分量外）で調える。

A

❖ 植物性のスタミナスープ
にんにくとしょうがだけのスープ

にんにくを1株も使ったスープ。身体が冷える日や風邪のときに。使ったにんにくはカレーやシチューに入れましょう。

= 全粒平焼きパン

+ +
【材料】4人分
にんにく…1株(6～7かけ)　しょうが…1かけ　昆布水(P.61)…1ℓ
海塩…小さじ1　うす口しょうゆ(またはしょうゆ)…小さじ1
+ +

【作り方】
❶ にんにくは底の固い部分を残し、傷つけないように薄皮をむく(傷つけるとにおいが出る)。しょうがは洗い、皮ごと薄切りにする〈写真A〉。
❷ すべての材料を鍋に入れ、ふたをしてごく弱火にかけ沸騰したらアクを取る。ふたをして約30分煮こみ、海塩、白こしょう(適宜・分量外)で味を調える。

たまねぎ炒めと材料を鍋に入れて混ぜ、
水を注いで煮立たせるだけ。短時間で、旨味たっぷり、
コクのあるごちそうスープが作れます。

甘みとコクが凝縮された、たまねぎ炒め。この方法で作れば、合計15分の加熱で1時間以上炒めたように仕上がります。5分炒めて完全に冷ます。これを3回くり返すので、ほかの家事をやりながらアッという間に作れます。冷蔵庫で寝かせてさらに熟成し、2日目以降からどんどん旨味（天然のアミノ酸）が増していきます。冷蔵庫にストックしておけば、忙しいときに大助かり。パン生地に練り込んだり、塩マフィンに入れたり、ピザにのせてもとてもおいしい。もちろん、どんなスープにも使えて、旨味、甘味、コクをプラスしてくれます。冷蔵庫で1週間くらい保存可能。もっと長く保存したい場合は、塩を強めにきかせておけば大丈夫です。

たまねぎ炒めストック

パンにスープに大活躍！
料理のお助けアイテム

【材料】作りやすい分量（約250g）
たまねぎ（大）…3コ（約600g）　にんにく…3かけ
なたね油…大さじ3　海塩…4g（小さじ1・3回に分ける）

A

B

C

D

【作り方】

❶ たまねぎを縦半分に切り、繊維を断ち切るように薄切りにする〈写真A〉。にんにくも同様に切る。

❷ フライパンになたね油とたまねぎを入れてよく混ぜ〈写真B〉、強火にかけ、全体が熱くなってから約5分炒める。火を止め、冷ましてから海塩の1/3量をふる〈写真C〉。これを3回くり返す〈写真D〉。にんにくは2回目の加熱時に入れる。あら熱を取ってビンに入れ、冷蔵庫に保存する。

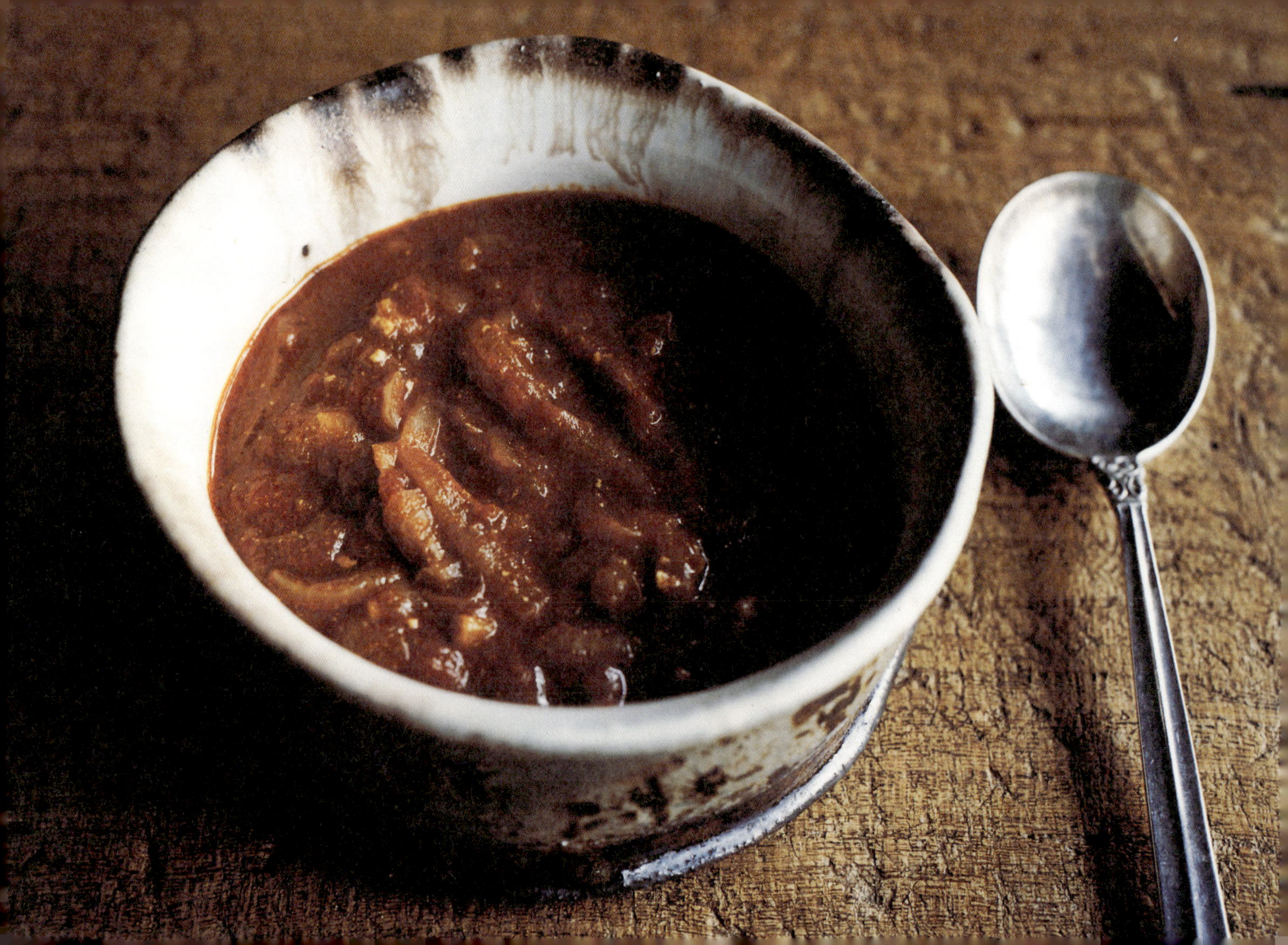

❖ 日本の素材でインド味！
ジンジャーカレー

🥖 = 平焼きパン、ナン

地粉のナンと一緒に、汗をかきながら、ふうふう言って食べたい夏のカレー。
お好みの野菜を加えるもよし。大豆ミートを入れてキーマカレーにしてもよし。
無限に広がるインドワールドへ誘う、魅惑のベースカレーです。

A

++
【 材料 】4～5人分
しょうが(大)…2かけ(約70g)　なたね油…大さじ2　トマトの水煮(缶)…1缶(400g)
たまねぎ炒めストック(P.67)…150g　豆乳ヨーグルト(P.52)…50g　水…600cc
ⓐ｛ カレーパウダー…大さじ1と1/2（14g・お好みで調整）　海塩…小さじ2～適宜
　　しょうゆ…小さじ2　シナモンパウダー…適量（なくてもよい）｝
++

B

【 作り方 】
❶ しょうがはキッチンペーパーで包み〈写真A〉、めん棒でたたいて〈写真B〉繊維をつぶす
　〈写真C〉。
❷ 鍋に❶となたね油を入れ、しょうががしわしわになるまで、弱火にかける。
❸ トマトの水煮をボウルにあけ、手でつぶす。トマト、たまねぎ炒めストック、豆乳ヨーグルト、
　水を❷に入れ沸騰させ、ⓐを入れる。約20分弱火で煮こみ、味をみて海塩(適宜・分量外)で
　調える。

◎お好みの野菜を焼いて、最後に入れるとおいしい。

C

❖ キングオブスープもストックで
オニオングラタンスープ

冷蔵庫にたまねぎ炒めストック、冷凍庫にモチレラチーズ。
そんなときは、あっという間にごちそうスープが作れます。

++

【材料】1人分
たまねぎ炒めストック(P.67)…50g　昆布水(P.61)…200cc
しょうゆ…小さじ1　モチレラチーズ(P.54)…お好み

++

【作り方】
❶ たまねぎ炒めストック、昆布水、しょうゆを鍋に入れ、中火にかけ、沸騰したら弱火で約2分煮こみ、味をみて海塩、こしょう(適宜・分量外)で調える。
❷ 器に盛り、熱いうちにモチレラチーズをのせる。

◎スープに薄切りのパンを入れ、そのうえにモチレラチーズをのせ、250℃に温めたオーブンで5分焼くとさらにおいしい！

❖ 特別な日のごちそうスープ
白花豆と野菜のブイヤベース

ホクホクの白花豆の甘味と旨味がたっぷり。
アイオリソースをそえるとさらにおいしい。

++

【 材料 】4～5人分
タンサン…小さじ1/2　白花豆（または白インゲン豆、ひよこ豆）…100g
にんにく…1かけ　セロリ…50g（1/2本）　トマト…150g（1コ）
ズッキーニ…200g（1本）　なたね油…大さじ1　サフラン…小さじ1
昆布水(P.61)…1.5ℓ　たまねぎ炒めストック(P.67)…100g
海塩…小さじ2　白ワイン…大さじ4

++

【 作り方 】

❶ 水1ℓ（分量外）とタンサンを鍋に入れ沸騰させる。火を止め、洗った白花豆を入れ、ふたをして一晩おいて戻し、ざるにあげて水で洗う。にんにくはみじん切り、セロリ、トマトは粗みじん切り、ズッキーニは約1cmの輪切り。

❷ 鍋になたね油を熱し、中火でにんにくとセロリを炒め、透き通ってきたらトマトとサフランを加えてサッと炒め、白花豆、昆布水、白ワインを加え、中火にかける。沸騰したらごく弱火にし、アクを取り、ふたをして豆がやわらかくなるまで約1時間煮こむ。たまねぎ炒めストック、ズッキーニ、海塩を入れて約10分煮こみ、火を止めて完全に冷まし、味をなじませる。食べるときに再沸騰させ、味をみて海塩、こしょう(適宜・分量外)で調える。

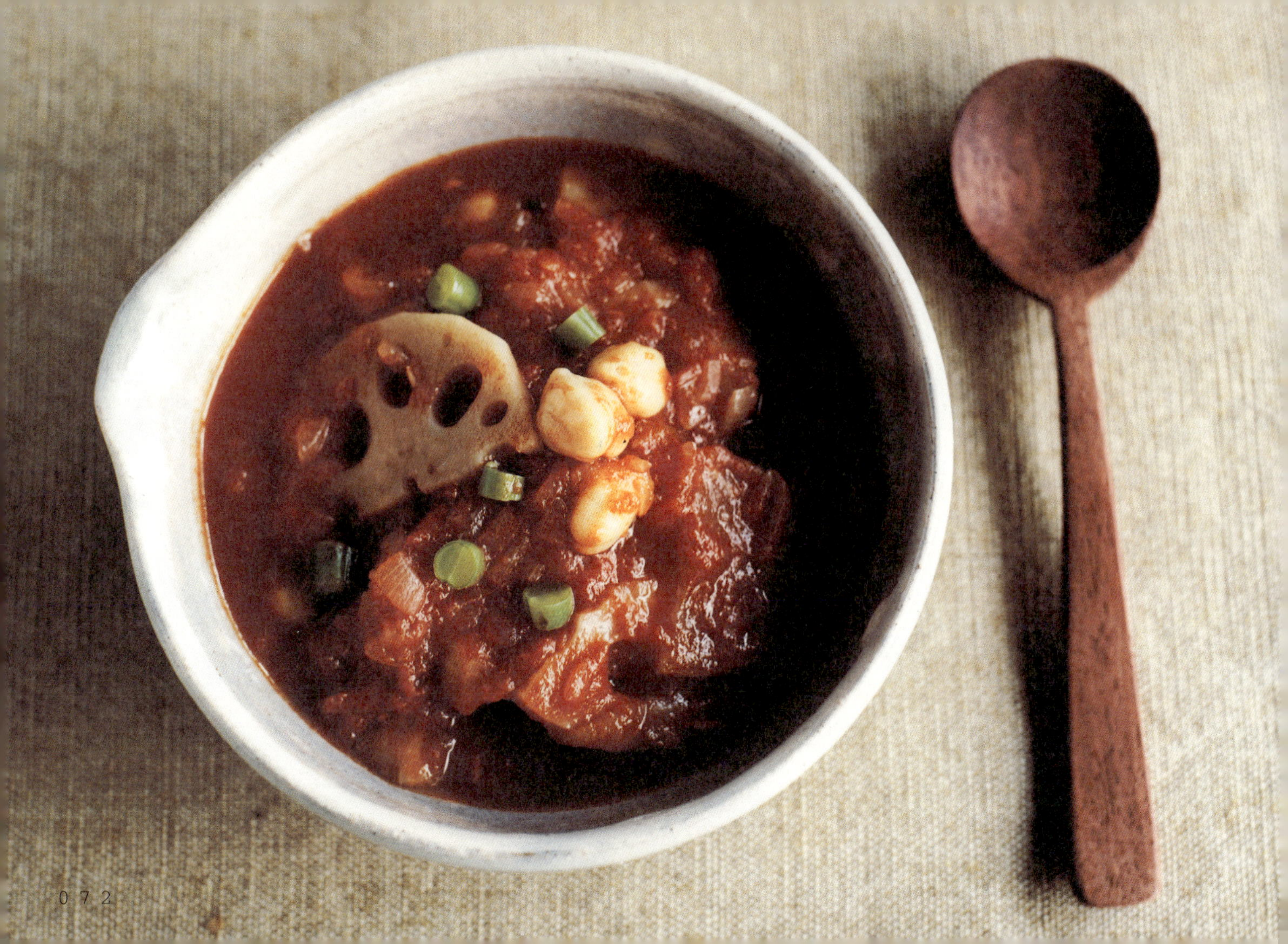

❖ 純植物性の具だくさん体育会系スープ
根菜のトマトスープ

たまねぎ炒めストックと昆布水で作るスープです。
ボリュームのある根菜に負けないコクのあるスープは、
男性も大満足！

= 直焼きマフィン、ライ麦プチパン

＋＋＋＋＋＋＋＋＋＋＋＋＋＋＋＋＋＋＋＋＋＋＋＋＋＋＋＋＋＋＋＋＋＋

【材料】4〜5人分
ひよこ豆（乾燥）…50g　れんこん（小）…約200g（1コ）
白菜…約500g（1/4コ）　昆布水（P.61）…600cc〜適量
ローリエ（なくてもよい）…1枚　トマトの水煮（缶）…1缶（400g）
たまねぎ炒めストック（P.67）…100g

＋＋＋＋＋＋＋＋＋＋＋＋＋＋＋＋＋＋＋＋＋＋＋＋＋＋＋＋＋＋＋＋＋＋

A

【作り方】
❶ ひよこ豆は洗って、豆の約3倍の水（分量外）につけて一晩おき、水けをきる。
　　れんこんは薄切りにし、酢水（分量外）に約5分さらし〈写真A〉、水けをきる。
　　白菜は一口大に切る。
❷ 鍋に、❶と昆布水、ローリエを入れ、ごく弱火にかける。

　　コツ　沸騰までの時間が長いほど、おいしいだしが出ます。「ごく弱火」がポイント。

❸ 沸騰したらアクを取り、ふたをしてれんこんと豆がやわらかくなるまで弱火で約30分煮る。
❹ トマトの水煮を手でつぶしながら入れ、たまねぎ炒めも加えて沸騰してから約10分煮こみ、海塩、こしょう（適宜・分量外）で味を調える。

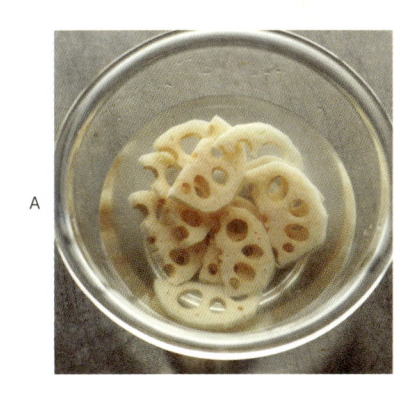

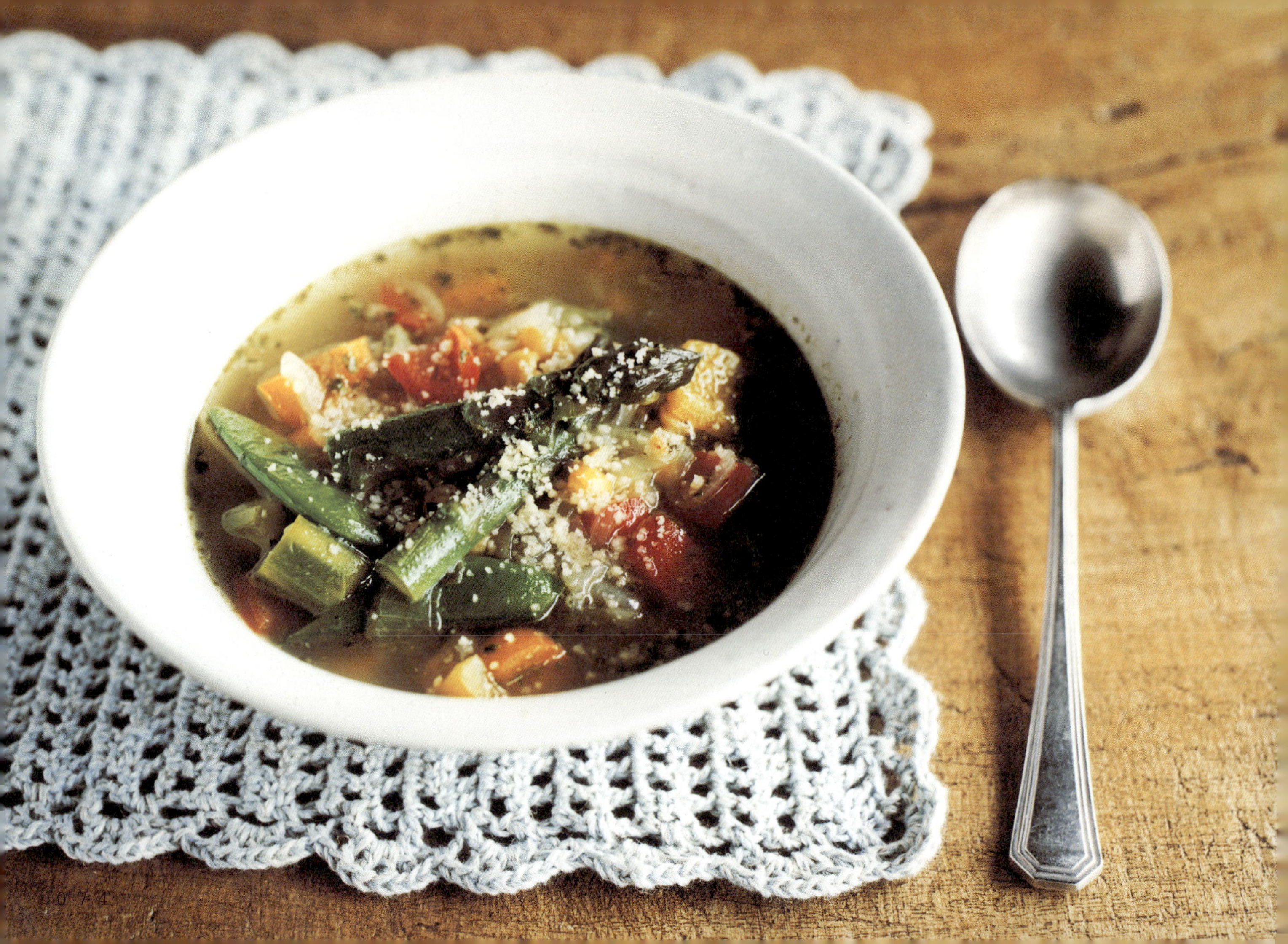

❖ 女子の心をわしづかみにする春色スープ
春野菜のグリーンミネストローネ

🥖 = 丸パン、平焼きピタ

野菜を下ゆでしないので、フレッシュな春ならではの味。
春野菜はお好みのものを約500g用意してください。

【 材料 】4〜5人分
イエロースプリットピー…50g　キャベツ…1/4コ　パプリカ…1/2コ
スナップえんどう…8房　アスパラガス…4本　ブロッコリー…1/2房
昆布水(P.61)…1ℓ　ドライバジル…少々
たまねぎ炒めストック(P.67)…100g　海塩…小さじ2
オリーブ油…大さじ1

A

B

【 作り方 】
❶ イエロースプリットピー〈写真A〉は水で洗い、かぶるくらいの水につけて30分おき、水けをきる。キャベツは一口大、パプリカは約1㎝角にカットし、スナップえんどうは筋を取っておく。アスパラガスは固い部分を切り落とし、2等分して、下の部分は皮をむく。ブロッコリーは、茎と花に分け、茎は固い部分を切り落とし、外側をむく〈写真B〉。
❷ 鍋に昆布水とイエロースプリットピー、ドライバジル、たまねぎ炒めストック、キャベツ、海塩を入れてごく弱火にかける。沸騰したら約10分煮こみ、ブロッコリーの茎、花、パプリカ、スナップえんどうの順に入れていく。1つの野菜を入れたら煮立つまで待ち、次を入れる。すべて入れて約5分煮こみ〈写真C〉、味をみて海塩、こしょう(適宜・分量外)で調え、火を止め、オリーブ油を加える。味つけはしっかりと。タバ酢コやバジルペースト、白みそ粉チーズを入れると◎。

C

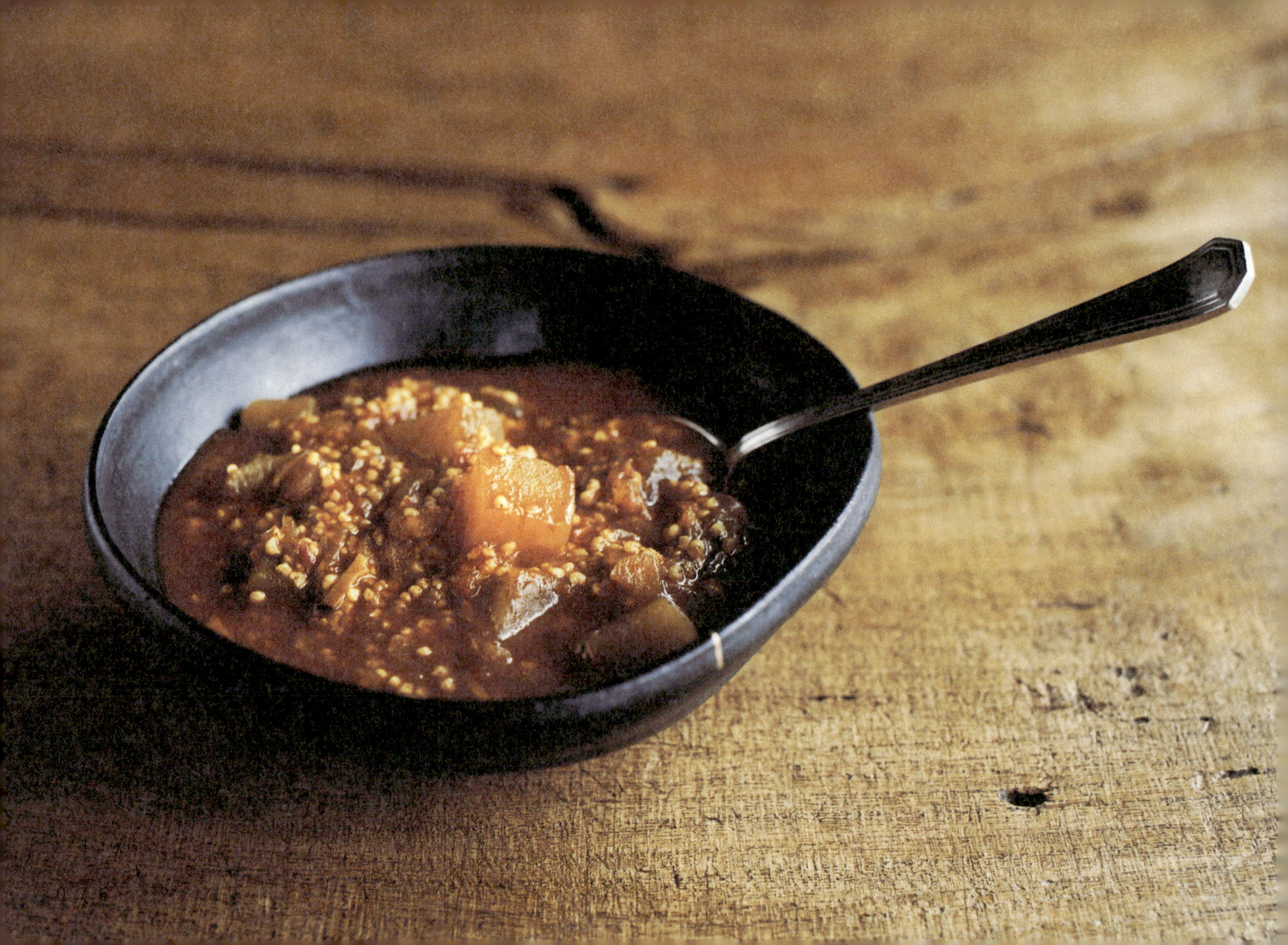

❖ 大根のおいしい季節に食べましょう
大根ともちきびのカレー

= 平焼きパン、マントウ

やわらかく煮た大根につぶつぶもちきびの食感、トロトロのカレースープの組み合わせ。
まさに「あたらしくてなつかしい味」。大根料理のバリエーションが広がります。

+ +

【材料】4〜5人分
大根…約300g（1/3本）　しいたけ…3枚　にんじん…1/3本
トマト水煮（缶）…1/2缶（200g）　なたね油…大さじ1
ⓐ｛昆布水(P.61)…800cc　たまねぎ炒めストック(P.67)…100g｝
もちきび…60g
ⓑ｛カレーパウダー…大さじ1〜適量　しょうゆ…大さじ1　アガベシロップ（またはメープルシロップ）…小さじ1と1/2　海塩…小さじ1〜適量｝

+ +

A

【作り方】
❶ 大根は約1.5cmの角切りにし、しいたけは石づきを取ってみじん切り、にんじんはみじん切り、トマトは手でつぶしておく。
❷ 鍋になたね油を熱し、大根、しいたけ、にんじんを炒め、トマトとⓐを加え、ごく弱火にかける。
❸ 沸騰したらアクをとりながら、大根がやわらかくなるまで約20分煮込み、もちきび〈写真A〉を水で洗って加え、もちきびがやわらかくなるまで約15分煮込む。ⓑを加え、味をみて海塩、カレーパウダーで調える。

◎一晩おくともちきびのとろみが出ておいしくなる。玄米ご飯にかけても。

きのこスープの素

だし不要、旨味たっぷり
冷蔵庫ストックの必需品！

作りおきのできる「きのこスープの素」。
きのこ嫌いな人も「これなら食べられる!!」
という声、続出の人気スープストックです。

冷蔵庫で寝かせるほど、旨味が増し、3日後くらいからどんどんおいしくなります。きのこは3種類以上、全部で450g用意しましょう。1種類より、さまざまなきのこを使ったほうがおいしくできます。

使い方はとても簡単！ 「きのこスープの素」大さじ2に対し、水250ccを鍋に入れて火にかけ、沸騰してから2分加熱。こしょう少々をふれば、基本のきのこスープが完成です。水と一緒に入れる具材を変えれば、さまざまなスープがあっという間にできます。ラー油やごま油を加えれば、中華風にもなります。煮沸した保存できるビンに入れると、2カ月以上保存できるので、「今日はきのこスープの素を作る日！」と決めてたっぷり作るのもおすすめです。

【 材料 】作りやすい分量（約400g、約12皿分）　しめじ…約200g（1パック）
えのきだけ…約100g（1袋）　エリンギ…約150g（1パック）　なたね油（湯洗い）…大さじ3
にんにく…3かけ　海塩…18g（大さじ1と1/2）　しょうゆ…大さじ2　日本酒…大さじ4

【 作り方 】

① きのこはすべて石づきを切り落とし、食べやすくカットする（大きさはお好みでよい）。にんにくはみじん切りにする。

② フライパンになたね油とにんにくを入れ、ごく弱火にかける。香りと水分が出てきたら強火にし、きのこを3回くらいに分けて加えていく〈写真A〉。きのこが全体的にしんなりとしてきたら弱火にし、水分が出て1/3くらいの量になるまで約10分じっくりと炒める。

③ 日本酒、しょうゆを入れ〈写真B〉、海塩を加えて〈写真C〉、さらに炒めて水分を飛ばす〈写真D〉。熱いうちに保存できるビンに入れ、あら熱が取れたら冷蔵庫に入れる。冷蔵庫で約1カ月保存可。

A

B

C

D

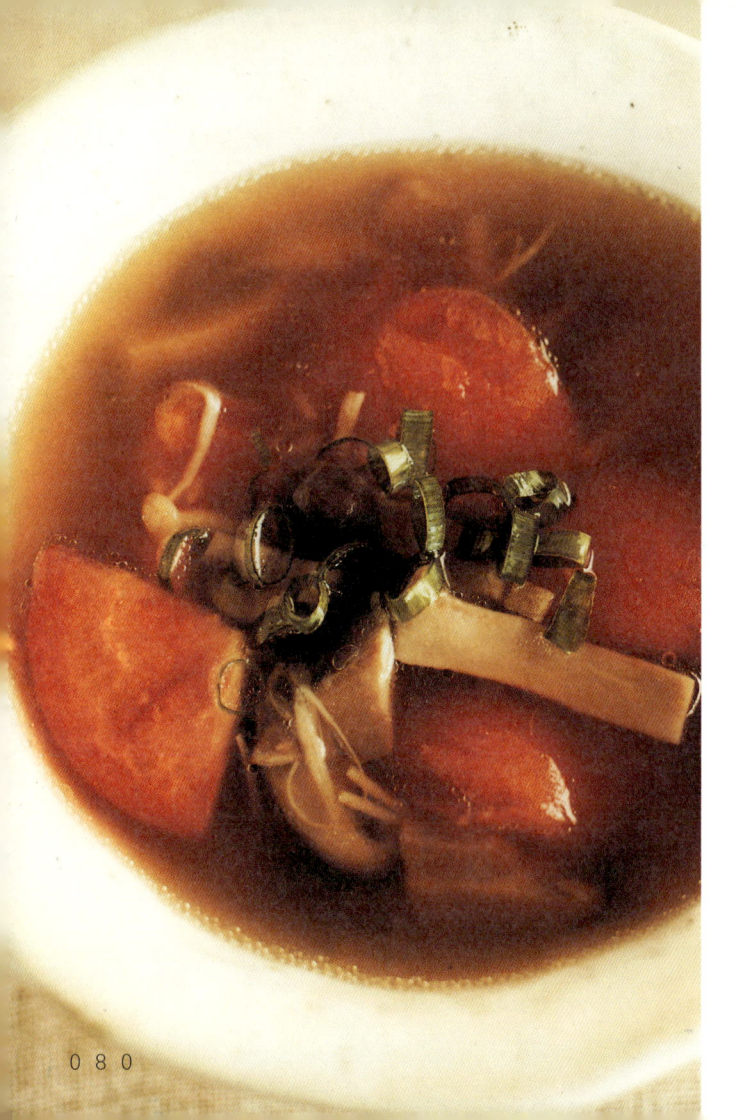

❖ トマトの甘酸っぱさですっきりとした味

トマトときのこのさっぱりスープ

旨味たっぷりのきのこスープに、サッと火を通したフレッシュトマトの酸味が加わり、絶妙なハーモニー。
コクとさっぱり感が同時に味わえます。

🥖 = 平焼きピタ、マントウ、花巻

++
【材料】1人分
きのこスープの素(P.79)…35g（大さじ2）　水…200cc　トマト…1コ
こしょう…少々
++

【作り方】
❶ きのこスープの素と水を鍋に入れ、中火にかけ、約2分間沸騰させる。
❷ 一口大に切ったトマトを入れて、一煮立ちさせ、こしょうを加える。

◎あれば最後に青ねぎのみじん切りを加えるとおいしい。

❖ のどを通るとろみ感がたまらない

青菜ときのこのとろみスープ

ごま油ときのこの旨味で、まるで本格的な中華の味わい。
くず粉で身体も温まります。
小松菜の代わりにほうれん草やチンゲン菜を使っても。

🥖 ＝ 平焼きピタ、マントウ、花巻

++
【材料】1人分
きのこスープの素(P.79)…35g(大さじ2)　水…250cc　小松菜…約30g(1株)
しょうゆ…少々　白こしょう…少々　くず粉…小さじ1　ごま油…少々
++

【作り方】
❶ きのこスープの素と水を鍋に入れ、弱火にかける。小松菜を約3cm幅に切り、沸騰したら加え、約2分間煮こむ。
❷ しょうゆと白こしょうを入れ、くず粉を水小さじ2(分量外)でといて〈写真A〉加え、とろみがついたらごま油をたらす。

A

コツ　こしょうはダマになりやすいので、くず粉の前に入れること。ほうれん草の場合はゆでて水にさらしたものを使います。

スープの友

オーガニックのベジタリアンスープを、濃厚においしくする秘密のアイテムです。どれもこれも簡単にできるレシピなので、手があいているときに作りおきしましょう。

白みそ粉チーズ
乳製品を使わずに作る粉チーズ

【材料】1/2カップ分
アーモンドプードル…50g　白みそ…10g　なたね油…10g
梅酢…5g　海塩…4g（小さじ1）　ガーリックパウダー…少々

【作り方】
① すべての材料をボウルに入れ、よく混ぜ、クッキングシートをひいた天板に、四角く広げる〈写真A〉。
② 100～110℃に温めたオーブンに入れ、約25分焼き（要調節）、取り出してフォークでほぐす。完全に冷めてから保存できるビンに入れる。冷蔵庫で約1カ月保存可。

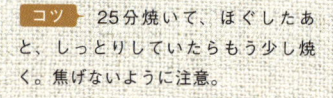

コツ　25分焼いて、ほぐしたあと、しっとりしていたらもう少し焼く。焦げないように注意。

A

和ラー油
日本の素材でエスニック味

++
【材料】60g分
ごま油(圧搾しぼり)…50g　一味唐辛子…10g
粉山椒(なくてもよい)…5g
++

【作り方】
すべての材料を保存できるビンに入れ、少し赤くなるまでよく混ぜる。ときどきふりながら、3日くらいおく。常温で半年以上保存可。

タバ酢コ
手作りならではのさっぱりした味

++
【材料】60g分
鷹のつめ…2本　一味唐辛子…5g
純米酢(または梅酢・白)…100g　海塩(梅酢のときは入れない)…10g
++

【作り方】
すべての材料を保存できるビンに入れ、塩がとけるまで混ぜる。ときどきふりながら1週間くらいおく。常温で半年以上保存可。

スープの友

アイオリソース
リッチでクリーミー。パンや蒸し野菜にもぴったり

【材料】70g分
きぬごし豆腐…50g　にんにく…1かけ　なたね油（湯洗い）…20g
ⓐ｜オリーブ油…10g　タヒニ…5g　アガベシロップ（またはメープルシロップ）…5g　海塩…2g　こしょう…少々

【作り方】
① 小鍋に豆腐と、かぶるくらいの水（分量外）を入れて中火にかけ、沸騰したら弱火で10分ゆで、水きりをする。にんにくはすりおろす。
② ボウルに①を入れ、なめらかになるまでかくはんする。なたね油を少しずつ混ぜ、ⓐを加え、よく混ぜる。

バジルペースト
スープにぴったりのさわやかで軽い味

【材料】1カップ分
バジルの葉（生）…50g　オリーブ油…100g　にんにく…1かけ
レモン果汁…小さじ1/2
タヒニ（またはピーナッツペースト）…大さじ1　海塩…小さじ1

【作り方】
① バジルの葉は洗ってざるにあげ、水けをきって乾かす。
② ①とすべての材料をフードプロセッサーに入れ、なめらかになるまでかくはんし、煮沸した保存できるビンに入れる。冷蔵庫で約1カ月保存可。

◎表面にオリーブ油（分量外）を加え、5mm分くらいたらしておくと変色しない。

スープの友のアレンジレシピ

アイオリトースト
スープとよく合うこってりパン

残ったパンを薄切りにし、アイオリソースをたっぷり塗って、オーブントースターでこんがり焼く。パンは、ブール、丸パン、平焼きピタ、カンパーニュ、ライ麦プチパンなど、シンプルなものが合います。トマトを使ったスープとの相性も最高。

ガーリックマヨネーズ
パンの友に大活躍

アイオリソースにマスタードとレモン果汁少々を入れると、おいしいガーリックマヨネーズができます。サンドイッチにしたり、ピタパンの内側に塗ったり、野菜スティックや蒸し野菜につけてもおいしい。

グリーンポテトサラダ
美しいグリーン色のあつあつポテト

ゆでたてのアツアツのじゃがいもにバジルペーストと白みそ粉チーズをからませるだけ。温かいままでも、冷やしてもおいしい。パンにもスープにもよく合います。ピタパンにはさんでも。

スープの素のアレンジレシピ

トマトソース
アッという間にできるシンプルソース

【材料】 作りやすい分量
トマトの水煮(缶)…1缶(400g)
たまねぎ炒めストック(P.67)…75g
オリーブ油…大さじ2　海塩…小さじ1
ドライバジル…少々（なくてもよい）

【作り方】
1. トマトの水煮を鍋に入れ、手でよくつぶし、たまねぎ炒めストックとオリーブ油を入れ、海塩、ドライバジルも加えて中火にかける。
2. 沸騰したら弱火にし、トロリとするまで約20分ほど煮こむ。味をみて、海塩、こしょう（適宜・分量外）で味を調える。あとで味がボケるので、塩味はしっかりとつける。容器に移して冷まし、冷蔵庫で保存する（旨味が増す）。

◎パスタにからめたり、ピザソースのように使って、モチレラチーズと合わせてピザやパンにのせてもおいしい。

コツ　鍋の中で冷ますと酸味が出ておいしくありません。

地粉のホワイトルウ

10分で作れる!
乳、バター不使用のシチューの素

1人分スープもおいしくできる、純植物性のルウ。これさえあれば、クリームシチューはもちろん、グラタンもドリアもクリームコロッケも作れます!

冷蔵庫で寝かせるほどに旨味が増すルウです。食材を変えるだけで、さまざまなクリームスープを簡単に楽しめます。1人分の基本のクリームスープは、ホワイトルウ20gと水150ccを鍋に加えてとかし、沸騰したら弱火で10分間煮ます。豆乳100gを入れて混ぜ、もう一度沸騰させたらでき上がり。中に入れる食材や、水の量によって煮こみ時間は変わりますが、とても簡単に作れます。たまねぎ炒めストックや昆布水と組み合わせるとさらにコクが出ておいしい。豆乳以外の植物性ミルク(ライスドリームなどのお米のミルク)でも代用できます。ルウ20gを豆乳200gで煮とかせば、リッチなホワイトソースに変身! 冷蔵庫で約1カ月保存できます。

【 材料 】約12皿分
地粉…100g　なたね油(湯洗い)…80g　白こしょう…小さじ1/2　昆布(粉末・昆布100%)…小さじ1
海塩…24g　にんにく(すりおろし)…2かけ　アガベシロップ…30g (またはメープルシロップ45g)

【 作り方 】

❶ フライパンに、地粉となたね油を入れ、よくかき混ぜ、ダマがなくなってから、ごく弱火にかけ、色がつかないよう炒め、細かいアワが全体的に立ったら火を止める〈写真A〉。

❷ 白こしょう、粉末昆布、海塩、にんにくすりおろしの順に入れ〈写真B〉、再度弱火にかけ、全体的に泡立ったら火を止め、一呼吸おいて、アガベシロップを混ぜ〈写真C〉、完成。熱いうちに保存できるビンに入れる。

コツ　水分の少ない順に材料を加えていくのが上手に作るコツ。

A

B

C

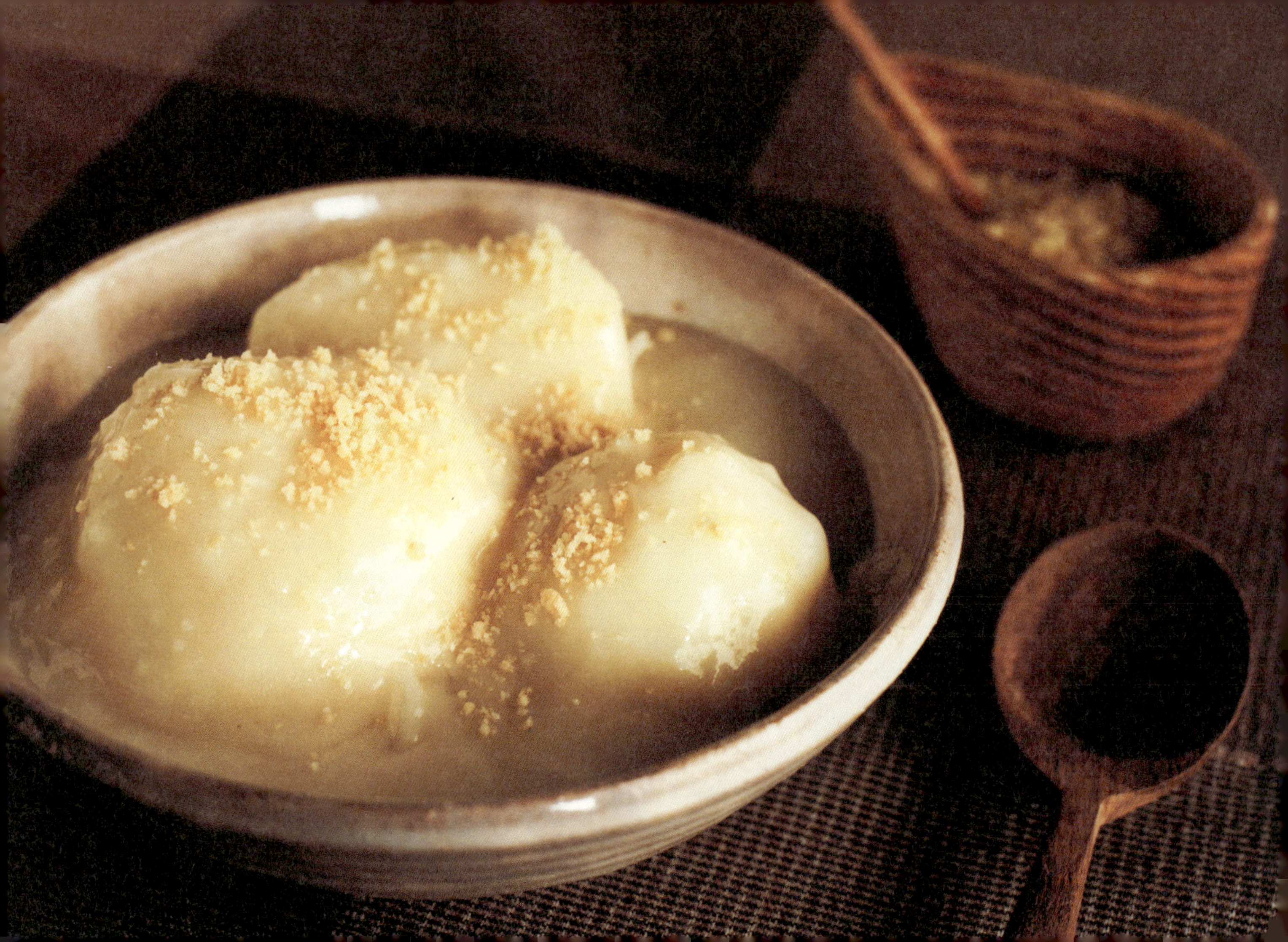

❖ 早く家に帰りたくなる、なつかしい味
ごろごろじゃがいもクリームシチュー

🍞 = プール、ベーグル、カンパーニュ

ごろごろのじゃがいもが迫力満点。だけど食べてみると素朴でほっとする「お母さんの味」。
白みそ粉チーズをかけても、もちろんおいしい。

+++
【材料】1人分
じゃがいも…1コ　たまねぎ…1/4コ
水…150cc　ホワイトルウ(P.87)…20g
豆乳…100g　白みそ粉チーズ(P.82)…お好み
+++

【作り方】
❶ じゃがいもは大きめの乱切り、たまねぎは薄切りにする。
❷ 小鍋にじゃがいも、たまねぎ、水を入れて弱火にかけ、沸騰したらアクを取り、ふたをして弱火で、じゃがいもがやわらかくなるまで約15分煮る。火を止めてルウをとかし〈写真A、B〉、再び弱火にかけ、約10分煮る。
❸ とろみがついたら豆乳を入れ、表面がフツフツしたら、火を止める。お好みで白みそ粉チーズをかける。

◎たまねぎの代わりに「たまねぎ炒めストック」を使うと、さらにおいしい。

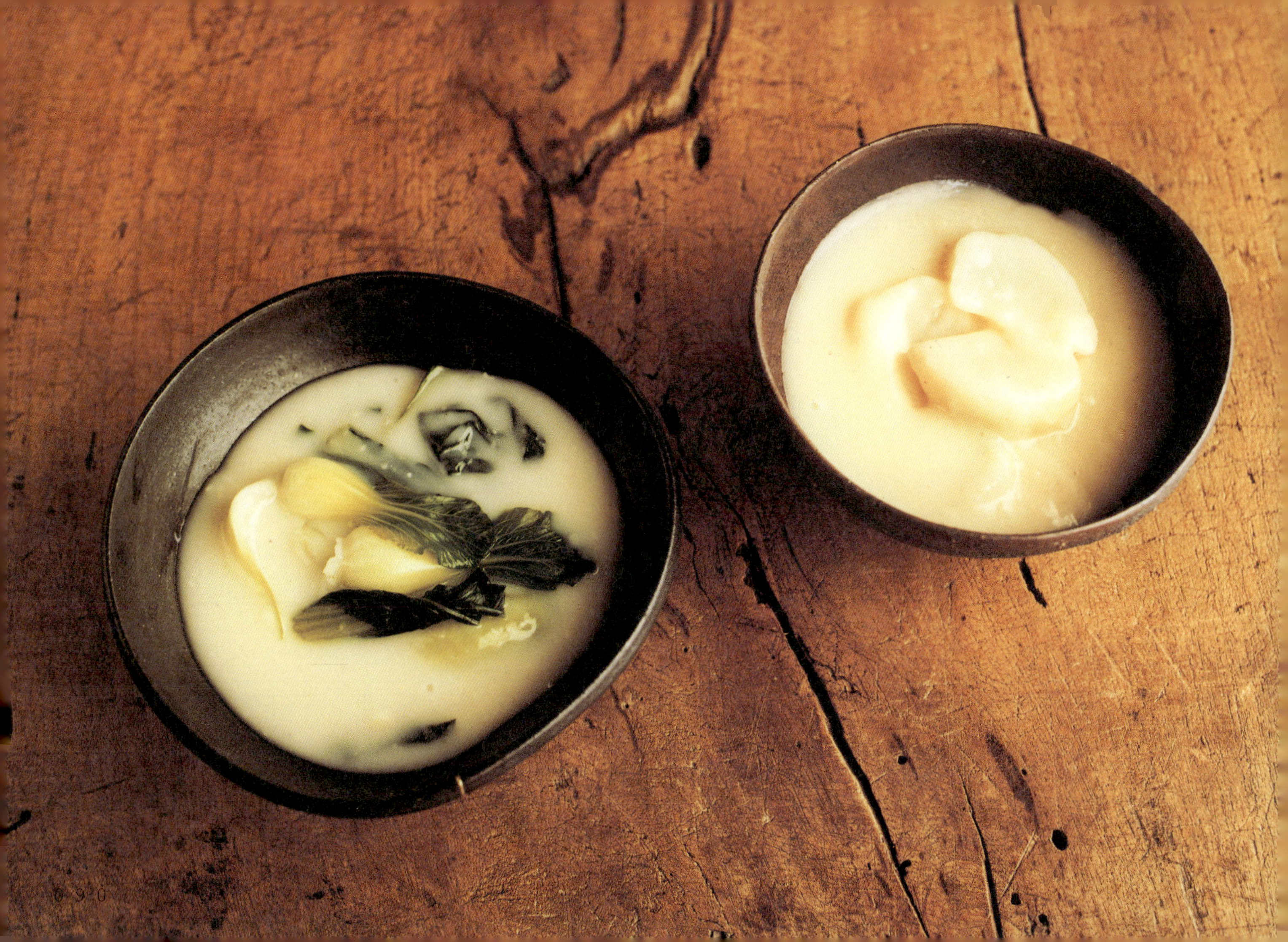

❖ クリーミーなスープにぴったりの野菜を使いましょう

チンゲン菜としめじのクリームスープと
かぶのクリームスープ

= 丸パン、ベーグル、直焼きマフィン

ルウを煮とかして、野菜ときのこを加えるだけ。
サッと煮える野菜だから、とってもスピーディーに仕上がります。
寝かせておいたルウだから出せる深い味。お好みの野菜でアレンジしてみてください。

チンゲン菜としめじのクリームスープ （写真左）

++++++++++++++++++++++++++++++++++++

【 材料 】1人分
ホワイトルウ(P.87)…20g　水…150cc　チンゲン菜…1株
しめじ…20g　豆乳…80g

++++++++++++++++++++++++++++++++++++

【 作り方 】
❶ ルウと水としめじを小鍋に入れ弱火にかけ、沸騰したら約10分煮て、ルウをとかす。
❷ チンゲン菜は約5cm幅に切り、❶に入れ、沸騰したら豆乳を加え、再沸騰したら火を止める。

◎水の代わりに昆布水を使うとさらにおいしい。

かぶのクリームスープ （写真右）

++++++++++++++++++++++++++++++++++++

【 材料 】1人分
かぶ…1コ　水…150g　ホワイトルウ(P.87)…20g
豆乳…80g　白みそ粉チーズ(P.82)…お好み

++++++++++++++++++++++++++++++++++++

【 作り方 】
❶ かぶと水を鍋に入れ弱火にかけ、沸騰したらアクを取り、ふたをして弱火で約5分煮る。
❷ 火を止めてルウをとかし、再び弱火にかけ、約5分煮る。
❸ 豆乳を入れ、表面がフツフツしたら、火を止める。お好みで白みそ粉チーズをかける。

地粉のドミグラスルウ

なつかしい洋食屋さんの味
純植物性のオーガニックルウ

これさえ冷蔵庫に保存しておけば、なめらかでコクのある濃厚ブラウンシチューが簡単にできます！おもてなしにも大活躍のルウ。

味の決め手は"しょうゆ"。めずらしい材料も必要なく、つやつや濃厚なルウが簡単に作れます。このルウは冷蔵庫でしっかりと寝かせることで（ここ重要!）、昔なつかしい洋食屋さんの味が再現できます。

1人分の基本のブラウンシチューは、ドミグラスルウ50g、水250cc、赤ワイン約大さじ1を鍋にすべて入れてとかし、沸騰したら弱火で10分煮こめばでき上がり。ルウを使ったレシピは2人分で作るとおいしいので、すべて2人分の分量にしていますが、もちろん1人分で作っても大丈夫。その場合、加熱時間を少し長くし、水分も多めに入れてください。

++++++++++++++++++++++++++++++++++++++

【材料】16〜18皿分
にんにく…1/2株
しょうが…1かけ（にんにくの半分の量）
トマトの水煮(缶)…1缶(400g)
地粉…120g　なたね油(湯洗い)…120g
海塩…24g　白こしょう…小さじ1/2　しょうゆ…120g
アガベシロップ…40g（またはメープルシロップ60g）

++++++++++++++++++++++++++++++++++++++

【作り方】

❶ にんにくとしょうがはすりおろす。トマトの水煮はボウルにあけ、手でつぶす〈写真A〉。
❷ 地粉となたね油をフライパンに入れてよく混ぜ、なめらかになったら中火にかけ、茶色くなるまで炒めて火を止める〈写真B〉。
❸ 海塩、白こしょう、にんにく、しょうが、トマトの水煮、しょうゆの順に入れ、そのつどよく混ぜる。
❹ 中火にかけ、よく炒めて水分を飛ばし〈写真C〉、ルウが鍋底から浮くくらい固まってきたら〈写真D〉火を止めて、アガベシロップを加えてまとめる。冷蔵庫で3日以上寝かせれば完成。冷蔵庫で約1カ月保存可。

　コツ→水分の少ない順に材料を加えていくのが上手に作るコツ。冷蔵庫で寝かせるほど旨味が増して、おいしくなります。

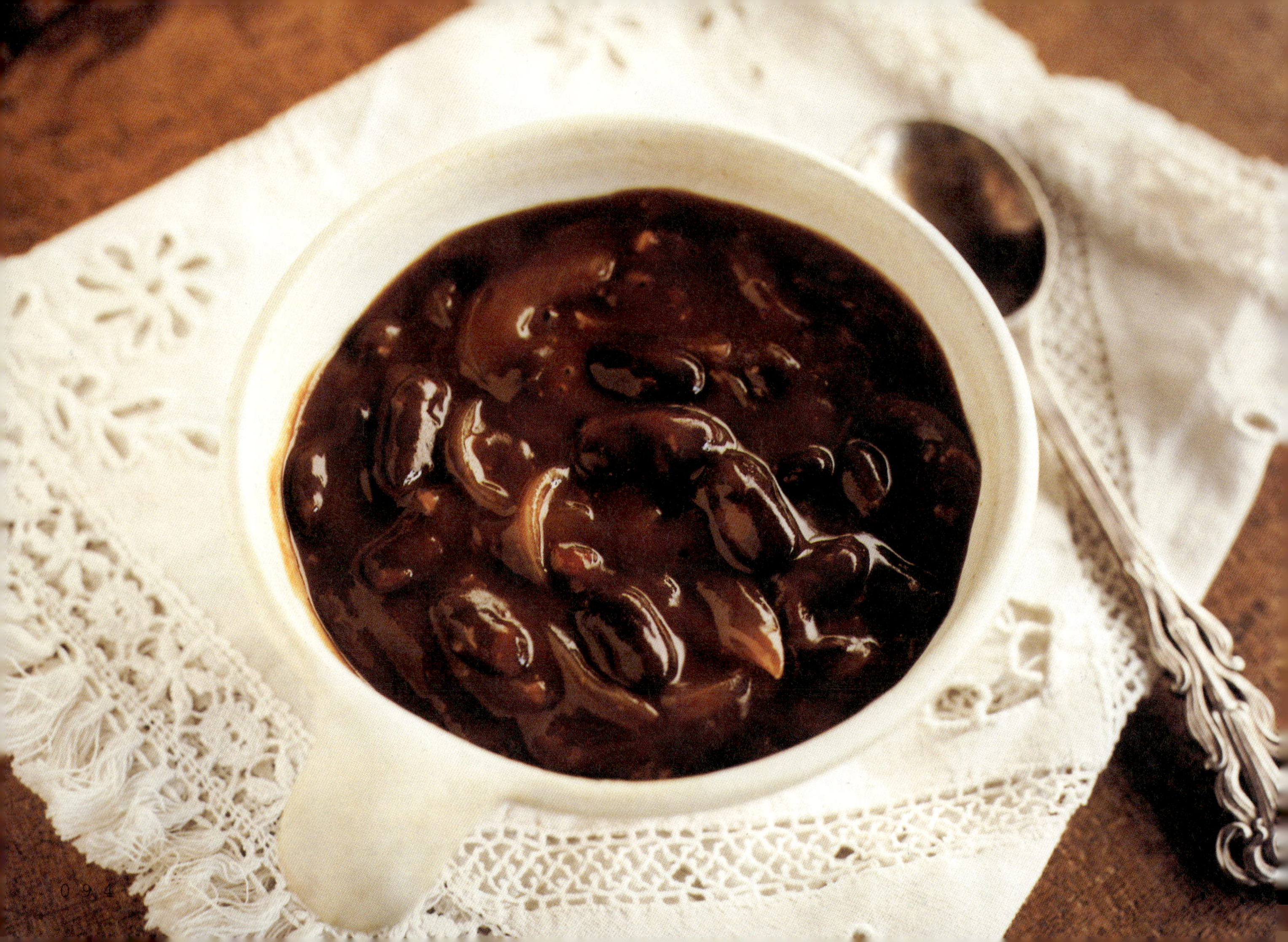

❖ ドミグラスに合う豆といえばこれ
金時豆のシチュー

🥖 = ブール、カンパーニュ、ライ麦プチパン

甘く煮るのもおいしいのですが、洋風の煮こみや濃厚なブラウンシチューにもぴったりの金時豆。
良質な植物性タンパク質や食物繊維もたっぷりとれるのがうれしい。赤ワインを入れて本格的な味に。

+++
【 材料 】2人分
金時豆(乾燥)…80g　たまねぎ…2コ
マッシュルーム…1/2パック　昆布水(P.61・または水)…500cc
ドミグラスルウ(P.93)…100g　赤ワイン…30cc
+++

【 作り方 】
❶ 金時豆〈写真A〉は洗い、豆の3倍くらいの水に入れて一晩おき、水けをきる。たまねぎ、マッシュルームは薄切りにする。
❷ ❶と昆布水を鍋に入れ、弱火にかけ、沸騰したらアクを取りながら約30分、豆がやわらかくなるまで煮る。
❸ ルウを入れ、とけたらワインを加え、ワインのアルコールが飛ぶまで煮る。

◎たまねぎの代わりに「炒めたまねぎストック」150gを使うと、さらにおいしくなります。白みそ粉チーズや、モチレラチーズをのせてもおいしい。ワインもお好みで増やして。ごはんにかければ昔風のハヤシライスに。

A

095

❖ 大地のパワーをいただきます

根菜シチュー

どの野菜を入れようか、迷ったときは具だくさんに。
濃厚スープにいろいろな種類の根菜を加えて大満足の一品です。

🍞 ＝ ブール、カンパーニュ、ライ麦プチパン

【材料】2人分
れんこん…50g　大根…100g　にんじん…50g　たまねぎ…150g
じゃがいも…100g　ドミグラスルウ(P.93)…100g
昆布水(P.61・または水)…500cc　赤ワイン…30cc

【作り方】
❶ れんこんは一口大の乱切りにして水に約1分さらす。たまねぎは繊維を断ち切るように薄切りにし、大根、にんじんは一口大、じゃがいもは大きめの乱切りにする。
❷ 昆布水を鍋に入れ、弱火にかけ、沸騰したらアクを取りながら約30分、野菜がやわらかくなるまで煮る。
❸ ルウを入れ、とけたらワインを加え、ワインのアルコールが飛ぶまで煮る。

◎ローリエ1/2枚を入れると、さらにおいしい。

❖ ワインによく合う大人のシチュー

まいたけとごぼうのシチュー

和風な組み合わせですが、まいたけとごぼうの独特の食感と風味が、濃厚なドミグラスによく合うのです。

🥖 ＝ ブール、カンパーニュ、ライ麦プチパン

【 材料 】2人分
ごぼう…100g　たまねぎ…150g　まいたけ…150g
なたね油…少々　ドミグラスルウ(P.93)…100g
昆布水(P.61・または水)…500cc　赤ワイン…50cc

【 作り方 】
❶ ごぼうは薄切りにして水に約1分さらし、たまねぎは薄切り、まいたけはほぐしておく。
❷ 鍋になたね油を熱し、❶を加えて炒め、昆布水を加え弱火にかけ、沸騰したらアクを取りながら約20分、ごぼうがやわらかくなるまで煮る。
❸ ルウを入れ、とけたら赤ワインを加え、ワインのアルコールが飛ぶまで煮る。

◎ごぼう、たまねぎ、まいたけを炒めず作るとさっぱりとしておいしい。白みそ粉チーズもよく合う。

みそスープの素

みそ汁とは一味違います
にっぽんの"MISO"スープ

冷蔵庫で寝かせるほどおいしくなります。
見た目はみそ汁の素ですが、味は驚くほど濃厚。
これさえあれば、だしいらずのスープが作れます。

日本人の定番調味料"みそ"。このみそを使ったスープの素のレシピです。
みりん、なたね油、粉末昆布など、おなじみの和食材でできているのに、無国籍な味わい。これはもう、「みそソープ」としか言いようがありません。
このスープの素を作っておけば、だしを取らずに、コクがあるおいしいみそスープが短時間で作れます。さまざまなメニューにアレンジ可能で、中華風やピリ辛スープにしたいときも、ベースに使えます。
1人分のみそスープの基本の作り方は、水200ccに対し、みそスープの素小さじ2と1/2くらいを小鍋に入れて混ぜ、水を注いで煮立たせるだけ。材料によって煮こみ時間や水の量は変わります。

【 材料 】約12皿分

にんにく…3かけ　なたね油（湯洗い）…25g　昆布（粉末・昆布100%）…小さじ2
玄米みそ…100g　みりん…30g　こしょう…小さじ1/2

【 作り方 】

❶ にんにくはみじん切りにする。フライパンになたね油、にんにく、粉末昆布を入れてよく混ぜ、ごく弱火にかける。
❷ 泡立ってきたら〈写真A〉、ごくごく弱火でじっくり約2分炒める。
❸ 火を止め、玄米みそ、みりんを入れて〈写真B〉よく混ぜ、弱火にかける。へらでゆっくり一方向に混ぜ、乳化させる〈写真C〉。ドロリと一体化したら火を止め、こしょうを加え、よく混ぜる。密閉できる保存容器に入れ、冷蔵庫に保存する。3日目くらいから使え、冷蔵庫で約1カ月保存可。

コツ　冷蔵庫で寝かせると旨味が増して、おいしくなります。

A

B

C

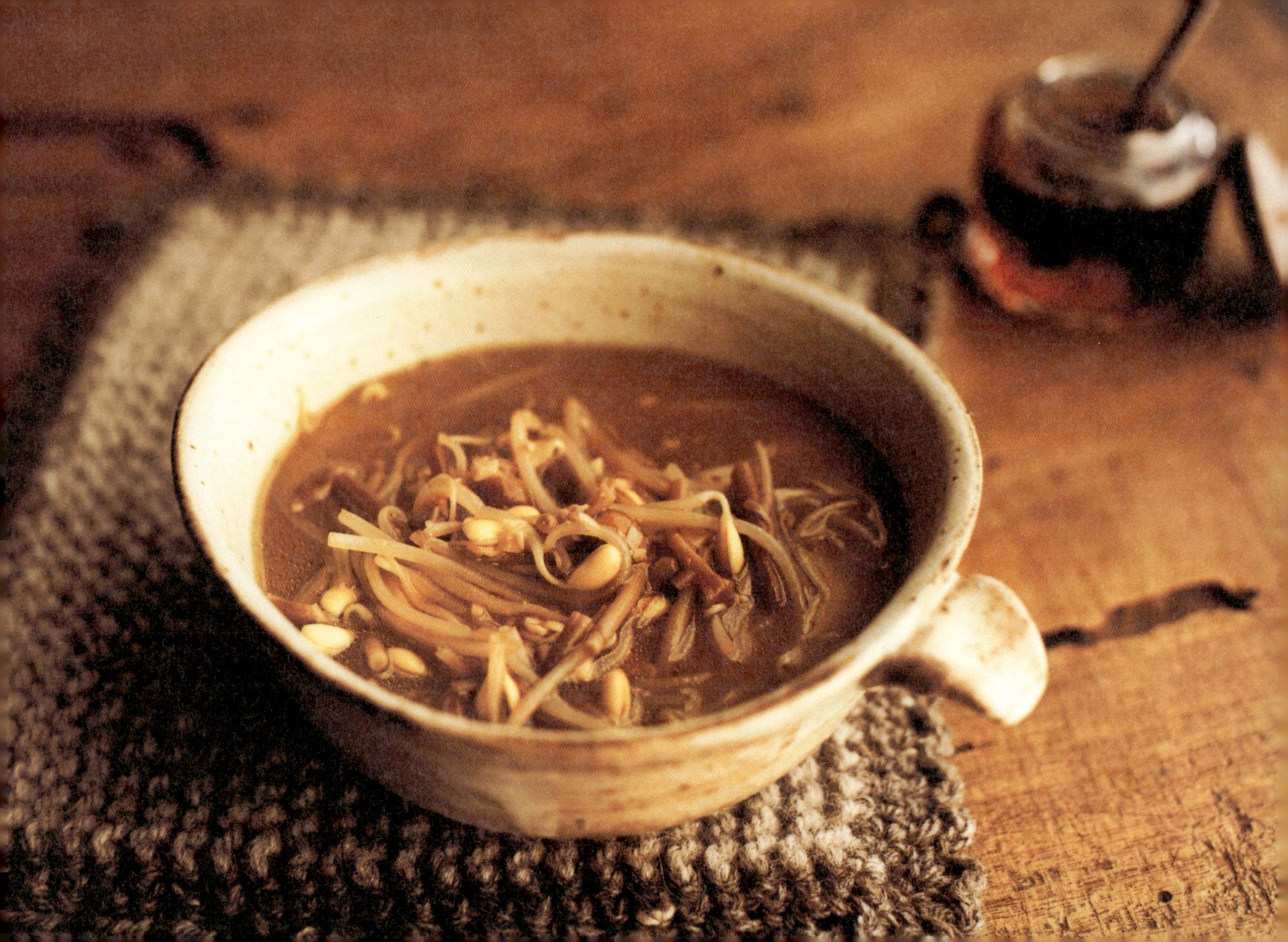

❖ ピリ辛こってり好きにはこのレシピ
豆もやしのピリ辛スープ

= マントウ、花巻、平焼きパン

ねりごまとラー油の風味で、まるで坦々麺のスープをほうふつとさせる味。
もちろん中華めんを入れても、ばっちり合います。
ラーメン好きのお客さまも大満足の、純植物性ピリ辛スープです。

＋＋＋＋＋＋＋＋＋＋＋＋＋＋＋＋＋＋＋＋＋＋＋＋＋＋＋＋＋＋＋

【 材料 】1人分
みそスープの素(P.99)…15g　水…200cc
豆もやし…50g　えのきだけ…15g
タヒニ(または白ねりごま)…小さじ1　和ラー油(P.83)…少々

＋＋＋＋＋＋＋＋＋＋＋＋＋＋＋＋＋＋＋＋＋＋＋＋＋＋＋＋＋＋＋

【 作り方 】
えのきだけは石づきを切り落とし、食べやすい大きさにカットする。すべての材料を小鍋に入れ、よく混ぜ合わせ、弱火にかける。沸騰したら約2分煮る。

　コツ　豆もやしの旨味を引き出すため、火は必ず弱火にしましょう。

◎仕上げに青ねぎのみじん切りを加えてもよい。

ピリ辛スープを使ったアレンジレシピ

[おいしいもやしラーメン]の作り方…「豆もやしのピリ辛スープ」と同じ材料で作ります。みそスープの素は30g、水は300ccに増やし、あとは同じに作るだけ。中華めんをゆで、水きりし、どんぶりに入れ、熱々のスープをかければ完成。うどんの乾めんや春雨、焼いた玄米餅を入れてもおいしい。みそラーメン好きにはたまらない一品です。

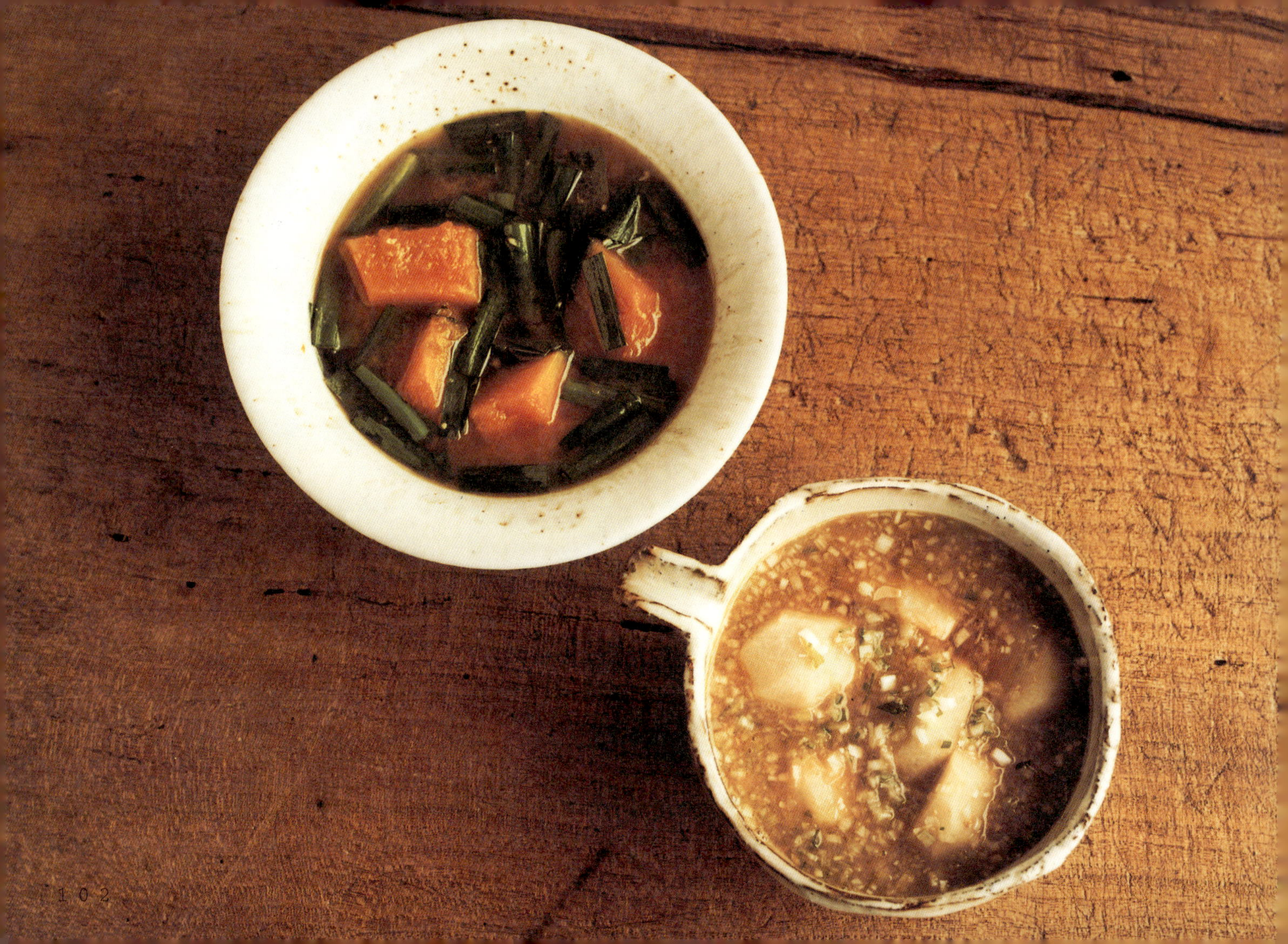

❖ 食材の組み合わせで、意外な味と食感を

かぼちゃとにらのみそスープと里芋とねぎのトロトロスープ

= マントウ、花巻

かぼちゃの甘みが広がるスープは、にらの風味がアクセント。
トロトロスープは、里芋にねぎがからんでとろりとしたコクがやみつきに。

かぼちゃとにらのみそスープ　（写真左）

++

【 材料 】1人分

かぼちゃ…100g　　にら…1本
みそスープの素(P.99)…15g　水…250cc

++

【 作り方 】
① かぼちゃは一口大に切り、にらは約3cm幅に切る。
② かぼちゃと水とみそスープの素を鍋に入れ、弱火にかけ、沸騰したらやわらかくなるまで約10分煮る。
③ 火を止め、にらを加える。

　　コツ　にらは火を止めてから。「にらは煮ない」がポイントです。

里芋とねぎのトロトロスープ　（写真右）

++

【 材料 】1人分

里芋…約100g　長ねぎ…約50g（1/2本）
水…250cc　みそスープの素(P.99)…15g

++

【 作り方 】
① 里芋は皮をむき、一口大に切り、ボウルに入れ、海塩（分量外）をふって手でよくもむ〈写真A〉。ぬめりが出たら水洗いし、水けをきる。長ねぎはごく細かいみじん切りにする。
② 水と里芋を鍋に入れ、弱火にかけ、沸騰したらやわらかくなるまで約15分煮る。
③ みそスープの素を入れ、約1分煮てから、長ねぎを加えて一煮立ちさせ、火を止める。

A

COLUMN

簡単にあかぬけた味が作れる！
アク抜きのワザ

スープを作るときに使えば、だれでもびっくりするくらい、
おいしいスープができます。
きのこを使ったスープにとくにおすすめです。

A

B

C

【 手順 】

❶ コップにくみたての水を入れる。

❷ 煮立った鍋の中に水を高い位置から注ぎ入れ、空気をたっぷり入れる。
〈写真A〉

❸ 強火で一気に煮立たせる〈写真B〉。
アクが出てくるので、丁寧に取り除く〈写真C〉。

コツ　水を足した分だけ煮つめれば、味に影響はありません。

旨味とコクを引き出す！
濃厚なスープを作るワザ

食材の旨味を120%引き出した、
おいしいスープを作る裏ワザです。
植物性の材料だけとは思えない、濃厚な味に仕上がります。

野菜の旨味は、塩分の入った水が沸騰するまでの間に最もよく出ます。そのため、火にかける前の鍋のスープは、できるだけ冷たくし、弱火でゆっくり時間をかけて煮立たせることがポイントです。しかし、野菜を炒めたあとの鍋は熱くなっているため、冷たい水や昆布水を入れても、生ぬるくなってしまいます。かといって、鍋が冷えるまで待つのも面倒……。そんなときの必殺小道具が"氷"。すぐに鍋を冷やしたいとき、気温の高い夏場は、ぜひ試してください。

A　　　　　B

【 手順 】
❶ 野菜などを炒める。
❷ 塩を入れ、冷たい水や昆布水などを入れる。
❸ 氷（適量）を加え〈写真A、B〉、鍋の中の温度を下げる。
❹ 弱火でコトコト、時間をかけて沸騰させる。

コツ　氷を入れるときは、氷の分、水や昆布水を少なくする。

おすすめの材料

おいしい料理を作る土台となるのが素材。素材の味を最大限に引き出すために、調味料は質の良い無添加のものを選びましょう。おすすめのものを紹介します。

【 なたね油 】

左／「ムソー 純正なたねサラダ油」非遺伝子組換えなたね原料の圧搾一番しぼり油100%。湯洗いで油の不純物を取り除き、クセがなく使いやすい。(a) 右／「国産なたね油 カホクの菜の花畑」無農薬・無化学肥料の国産非遺伝子組み換えなたねを100%使用。自然な味わいで天然のビタミンEが豊富。(b)

【 オリーブ油 】

左／「むそう商事 有機EXバージンオリーブオイル」手摘みしたスペイン産有機オリーブから作られ、風味豊か。(c) 右／「ヤマヒサ 手摘みオリーブ小豆島産」手間ひまをかけて大切に育てたオリーブの実を、秋に手摘みで収穫し、すりつぶしたあとに搾油。フレッシュでフルーティーな味わい。(d)

【 ホシノ天然酵母 】

左／「ホシノ天然酵母」米由来の酵母を国産の小麦、国産減農薬米、麹、水で培養したもの。ホシノの従来タイプ。使いやすい粉末状。(e) 右／「ホシノ丹沢天然酵母」丹沢山中で発見された野生酵母から作られた種。(e)

【 豆乳 】

左／「マルサン 有機豆乳無調整」有機大豆のみを使用した無調整豆乳。大豆の臭いがなく、クセのない味わい。(f) 右／「ソイドリーム」イタリア産有機大豆100%使用の無添加・無調整豆乳。飲みやすく、コクのあるクリーミーなおいしさ。

【 香辛料 】

左／「桜井食品 有機ブラックペッパー」香り高いスリランカ産の有機黒こしょう。粗挽きタイプ。(g) 右／「桜井食品 有機ホワイトペッパー」香り高いスリランカ産の有機白こしょう。パウダータイプ。(g)

【 ペースト 】

左／「アリサン 有機タヒニ」アメリカ産のローストした有機ゴマ100%のペースト。乳化剤、安定剤不使用。無塩・無糖。(h) 右／「アリサン 有機ピーナッツバター」アメリカ産有機ピーナッツのみ使用のオーガニックバター。スムースタイプとクランチタイプがある。乳化剤、安定剤不使用。無塩・無糖。(h)

材料の問い合わせ先はP.108に掲載しています。

【 みそ 】

左／「オーサワジャパン 玄米みそ」国内産の丸大豆と玄米、塩は「海の精」を使用。本樽で1年以上熟成させ、栄養豊か。風味、甘味がありクセのないおいしさ。(i) 右／「ビオマルシェ 有機白味噌」有機米、有機大豆、海塩で作られた塩分控えめの白味噌。米麹の甘味が生きています。(j)

【 梅酢 】

左／「海の精 紅玉梅酢」奈良吉野や東紀州の有機梅と紀州の有機シソを伝統海塩「海の精」で漬けた紅玉梅干の梅酢です。紅色を生かしたい料理に。(k) 右／「無双本舗 おばあちゃんの知恵袋 有機梅酢（白）」国内産の有機梅と塩だけを使用した風味豊かな梅酢。素材の色を大切にしたい料理に。(l)

【 実 】

左／「WELL BEING 小豆島産オリーブ新漬」貴重な小豆島産オリーブの新漬。秋に手摘みした実を塩のみで漬けた、安心の無添加、無着色。(m) 右／「スピガドーロ オーガニックホールトマト」イタリア産の有機完熟トマトを使用。トマト本来のおいしさがまるごと詰まっています。

【 しょうゆ 】

左／「オーサワジャパン 茜醤油」遺伝子組換えなしの国産丸大豆、小麦、塩を原料に、木樽で1年以上熟成。まろやかで甘味がある。(i) 右／「ヤマヒサ 頑固なこだわりうす口醤油」無農薬の国産丸大豆・丸小麦が主原料の杉樽仕込み天然醸造しょうゆ。素材の色を生かしたい料理に。(d)

【 カレー粉 】

左／「ムソー 純カレー粉」20種類以上のスパイスをブレンドした、香り、辛味、色、共にすぐれたカレー粉。(a) 右／「アナンさんのカレー粉（スタンダード）」本場インドの上質なスパイスを国内で調合した、アナンさん秘伝のカレーブレンド。(m)

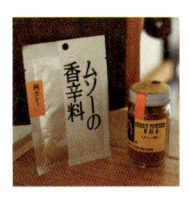

【 くず粉 】

左／「ムソー 無双本葛」くず（マメ科）の根から採取される澱粉。国産本葛100%。粉末状のためとけやすく、お菓子作りなどにも向いています。(a) 右／「廣久本葛」国産の天然本葛100%。とろみが強く、スープのとろみづけにも向いていて、消化がよく身体を温めるので、滋養食としても使われています。(n)

107

材料問い合わせ先

(a) ムソー　http://www.muso.co.jp/　電話：06-6945-5800

(b) 鹿北製油　http://www.kahokuseiyu.co.jp/　電話：0995-74-1755

(c) むそう商事　http://www.muso-intl.co.jp/　電話：06-6316-6011

(d) ヤマヒサ　http://www.yama-hisa.co.jp/　電話：0879-82-0442

(e) ホシノ天然酵母パン種
　　http://www.hoshino-koubo.co.jp/　電話：042-734-1399

(f) マルサンアイ
　　http://www.marusanai.co.jp/　電話：0120-92-2503

(g) 桜井食品　http://www.sakuraifoods.com/
　　電話：0120-668637

(h) アリサン／テングナチュラルフーズ
　　http://www.alishan.jp/jp/　電話：042-982-4811

(i) オーサワジャパン
　　http://www.ohsawa-japan.co.jp/　電話：048-447-8588

(j) ビオマルシェ　http://www.biomarche.jp　電話：06-6866-1438

(k) 海の精　http://www.uminosei.com/　電話：03-3227-5601

(l) 無双本舗 おばあちゃんの知恵袋
　　http://www.musofood.co.jp/　電話：0743-92-0226

(m) 鎌倉ツリープ　http://www.treep.jp/　電話：0467-61-1433

(n) 廣久葛本舗　http://www.kyusuke.co.jp/　電話：0120-117-910

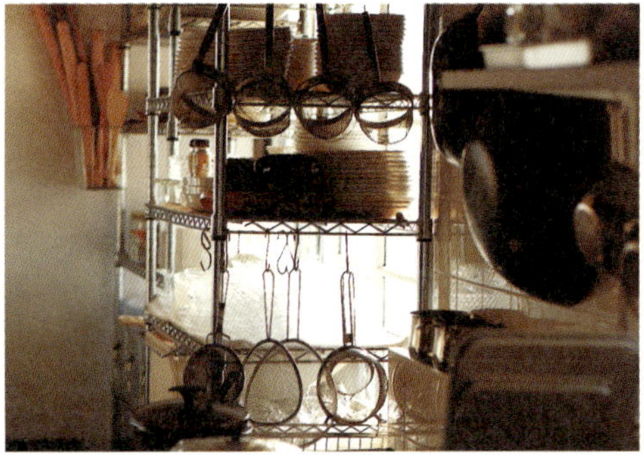

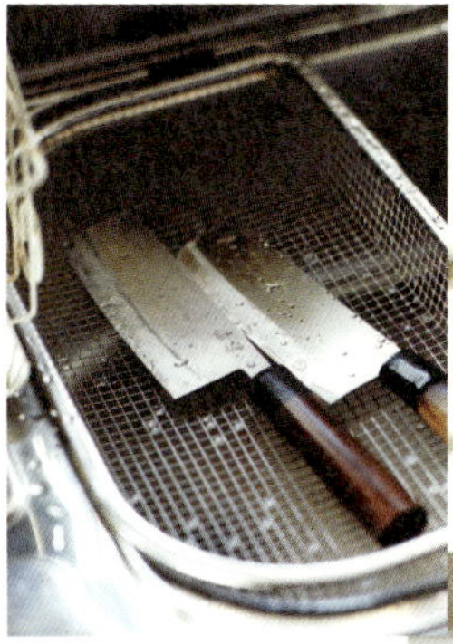

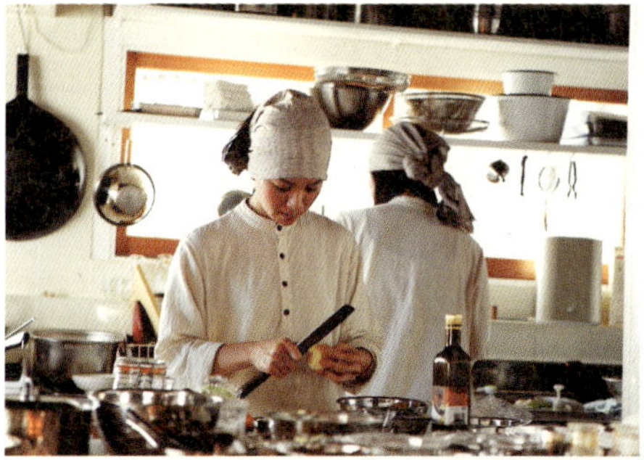

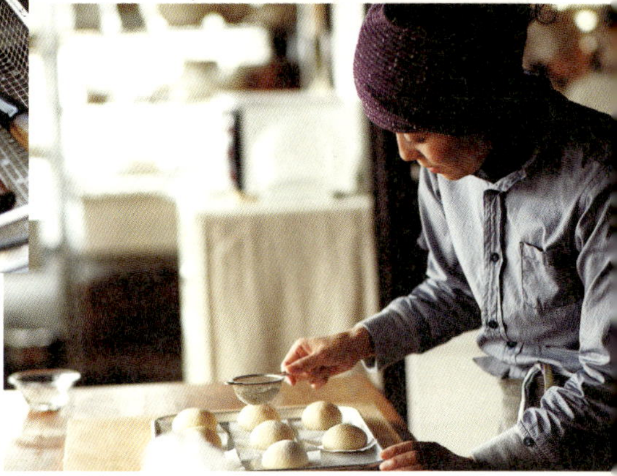

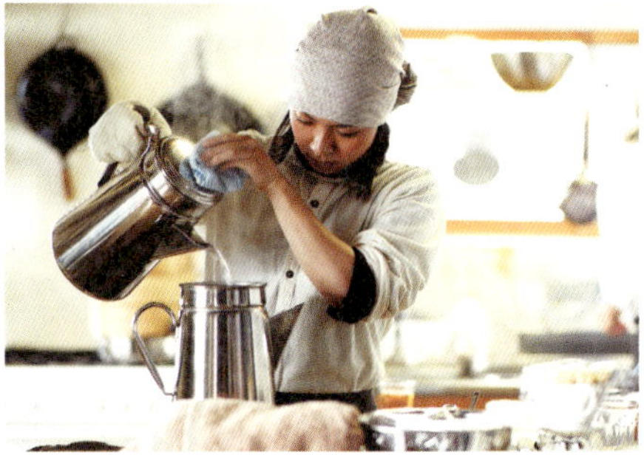

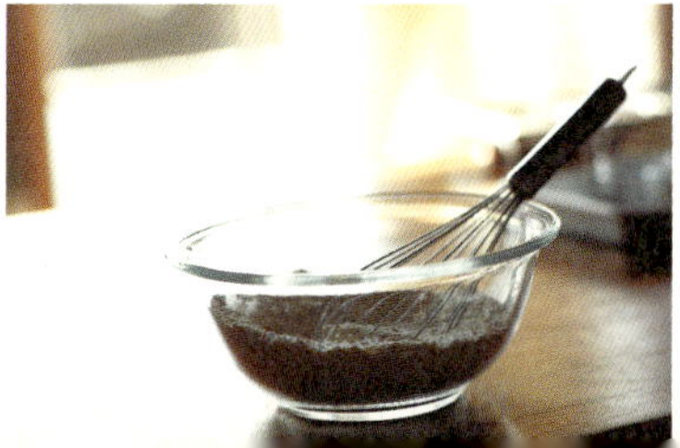

おわりに

悲しいことがあった日、くたくたに疲れてしまった日、どうにもやる気が出ない日にも、「そうだ、冷蔵庫の中にアレがある！」という、ただそれだけで、突然元気が出てくるものです。
「きのこスープの素に冷凍しておいた残りごはんをドサッと入れてリゾットにしよう」とか、「みそスープの素にうどんを放りこんで、ラー油を入れて、辛くして食べてみよう」とか、「ドライトマトを漬け汁ごと、ゆでたてのパスタにからませよう」とか、ときには、「冷凍しておいたパンをカリカリにトーストして、チョコスプレッドを山盛りのせて、こっそり食べよう」とか。
この本には、そういう日のための"秘密のストック"がたくさんのっています。毎日の生活は、大変なときもあり、ずっとよいものばかりを選びつづけられるわけではありません。あまりの忙しさ、心の余裕のなさに、「まあ、いいか」「しかたないさ」と、たいして必要としていないものに手をのばしてしまうこともあるでしょう。そんなときにストックたちは、あなたを助けたり、励ましてくれるはずです。
みなさんの家の冷蔵庫に秘密のストックが眠っている。それを思うだけで私は、胸がいっぱいになります。私たちの選んだものが正しければ、正しいものを生産している人たちを応援することになります。そして未来は確実に変化していくのです。
そのことは自分自身の小さな喜びとなり、日々をワクワクする、かけがえのないものへと変えてくれるでしょう。
秘密のストックをもっている人は、強くて自由なのです。

最後に、心に残る素晴らしい写真を撮ってくださったカメラマンの寺澤さん、お忙しい中、無理なお願いを聞いてくださり、深夜作業をしてくださったデザイナーの山本さん。かっこいい器を山のように焼いてくださった木暮さん。本当にありがとうございました。そして、この本の製作途中に結婚式を挙げることを隠してまで編集に没頭してくださった、WAVE出版の中村さん。最高でした。みなさんのおかげでこの本が生まれたことを感謝いたします。梟城の面々もありがとう！

2010年2月吉日　白崎裕子

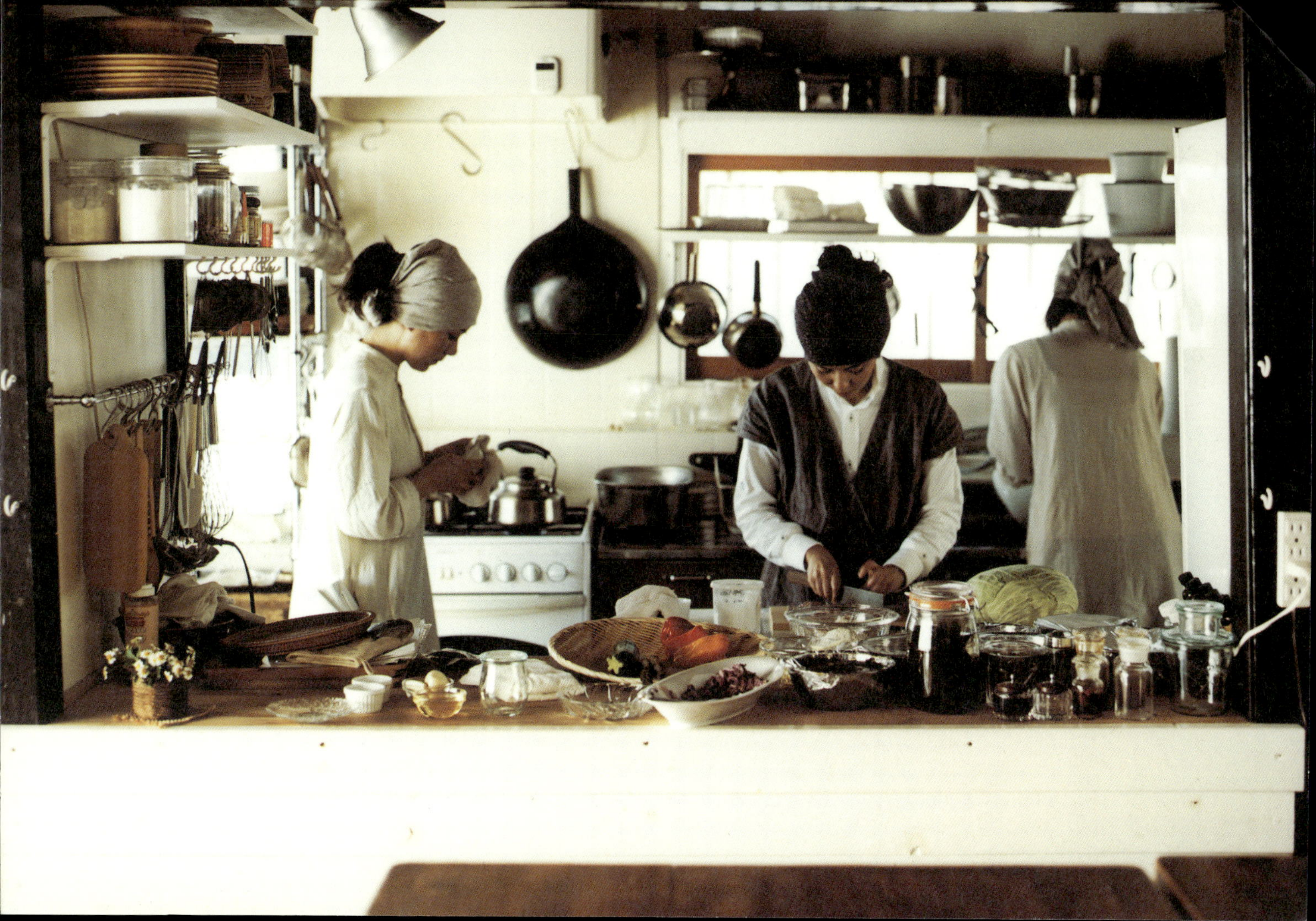

白崎裕子 ｜しらさき ひろこ｜

東京生まれ（埼玉育ち）。逗子市で30年以上続く自然食品店「陰陽洞」主催のパン＆スイーツ教室「インズヤンズ茶会」の講師を経て、葉山の海辺に建つ古民家で、オーガニック料理教室「白崎茶会」を開催。月間の教室参加者は200名以上。予約の取れない料理教室と知られ、全国各地からの参加者多数。岡倉天心、桜沢如一、森村桂を師と仰ぎ、日々レシピ製作と教室に明け暮れる毎日。好きな調理道具は「穴あきべら」。座右の銘は「魂こがしてパンこがさず」。著書に『にっぽんの麺と太陽のごはん』『かんたんお菓子』（WAVE出版）、料理DVD『魔女のレシピ』（アロハス株式会社）がある。
HP「インズヤンズ梟城」http://shirasakifukurou.jp

- ❋ 撮影：寺澤太郎
- ❋ 撮影助手：佐々木孝憲
- ❋ デザイン：山本めぐみ　東水映（EL OSO LOGOS）
- ❋ 撮影協力：みずたま雑貨店
- ❋ 編集：中村亜紀子

- ❋ 調理・スタイリング：白崎裕子
- ❋ 調理助手：橋本悠　八木悠　会沢真知子
- ❋ 器：木暮豊
- ❋ 布小物：工藤由美
- ❋ 構成協力：高多留美
- ❋ 食材提供：菜園 野の扉　陰陽洞　鎌倉ツリープ
- ❋ 協力：吉原亘　伊藤由美子　平山良子

にっぽんのパンと畑のスープ
なつかしくてあたらしい、
白崎茶会のオーガニックレシピ

2010年 3 月 5 日第1版第1刷発行
2013年 9 月14日　　　第9刷発行

著　者　白崎裕子
発行者　玉越直人
発行所　WAVE出版
〒102-0074　東京都千代田区九段南4-7-15
TEL：03-3261-3713　FAX：03-3261-3823
振替：00100-7-366376
E-mail：info＠wave-publishers.co.jp

印刷・製本　中央精版印刷

©Hiroko Shirasaki 2010 Printed in Japan
落丁・乱丁本は送料小社負担にてお取り替えいたします。
本書の無断複写・複製・転載を禁じます。

ISBN978-4-87290-455-0
NDC596 111P 15cm